# Saber desenvolver a Criatividade na vida e no trabalho

# Saber desenvolver a Criatividade na vida e no trabalho

**Brigitte Bouillerce**
Consultora em comunicação e administração, responsável pela formação, treinamento e administração de inúmeros projetos empresariais

**Emmanuel Carré**
Professor da Escola Superior de Comércio de Bordeaux, especializado em administração e comunicação

Tradução
**Paola Morsello**

Prefácio
**Luiz Alberto Py**
Psicanalista e psicoterapeuta

LAROUSSE
Cultura para todos

Título do original em francês:
*Savoir développer sa créativité*



Direção editorial **Soraia Luana Reis**
Editora **Camila Werner**
Assistente editorial **Adriana de Oliveira**
Edição e copidesque **Laura Bacellar**
Revisão **Camila Carletto** e **Irene Hikishi**
Capa e Projeto gráfico **Terra Design Gráfico**
Gerente de produção **Fernando Borsetti**

**Dados Internacionais de Catalogação na Publicação (CIP)**
**(Câmara Brasileira do Livro, SP, Brasil)**

---

Bouillerce, Brigitte
Saber desenvolver a criatividade na vida e no trabalho / Brigitte Bouillerce, Emmanuel Carré; tradução Paola Morsello; prefácio Luiz Alberto Py. –
São Paulo: Larousse do Brasil, 2004. – (Biblioteca da vida prática)

Título original: Savoir développer sa créativité
ISBN-10 85-7635-034-3
ISBN-13 978-85-7635-034-7

1. Criatividade 2. Motivação (Psicologia) I. Py, Luiz Alberto. II. Título. III. Série.

04-5140 CDD-153.35

---

**Índices para catálogo sistemático:**
1. Criatividade : Motivação para mudança : Psicologia 153.351

2ª. edição brasileira: 2006
1ª. reimpressão: 2007

Direitos de edição em língua portuguesa, para o Brasil, adquiridos por
**Larousse do Brasil Participações Ltda.**
Rua Afonso Brás 473, 16º andar – São Paulo/SP – CEP 04511-011
Tel. (11) 3044-1515 – Fax (11) 3044-3437
E-mail: info@larousse.com.br
Site: www.larousse.com.br

# SUMÁRIO

## PARTE III

## COMO CRIAR EM GRUPO

# PREFÁCIO

Luiz Alberto Py

Muito se têm falado e escrito sobre a criatividade. Hoje já se sabe que ela não é uma exclusividade de artistas ou cientistas excepcionais mas, ao contrário, que está presente em todos nós. Mas será que nos sentimos realmente criativos e sabemos como lançar mão da criatividade sempre que precisamos dela?

Dois especialistas franceses, Brigitte Bouillerce e Emmanuel Carré, debruçaram-se sobre o tema e, em seu *Saber Desenvolver a Criatividade na Vida e no Trabalho*, nos convidam a utilizar a criatividade em todos os momentos da vida.

Os autores desmistificam e descrevem o processo da criatividade a partir de exemplos reais de pessoas que se destacam pela inovação em várias áreas. Apresentam inúmeras técnicas e exercícios para libertar o espírito criativo que existe em todos nós das repressões culturais e dos nossos próprios preconceitos.

Assim, nos tornamos capazes de tirar a criatividade de um estado de latência e torná-la um instrumento eficaz e disponível para a solução de problemas diários. Afinal, o cotidiano está repleto de desafios e oportunidades que precisam de uma resposta criativa.

O livro também apresenta métodos que permitem explorar a criatividade em grupo, o que é uma grande vantagem, já que cada vez mais somos chamados a trabalhar em equipe. Em vários exemplos, os autores mostram como organizar grupos instigantes, em que a capacidade individual é potencializada.

Ao longo de *Saber Desenvolver a Criatividade* encontramos informações preciosas e exemplos estimulantes, escritos de forma concisa e direta. Além da leitura prazerosa, a obra nos incita a rever permanentemen-

**Luiz Alberto Py** é psicanalista e psicoterapeuta, diretor da Family Partners (consultoria de terapia familiar da Inglaterra), assessor de programas da Rede Globo, colunista do jornal *O Dia*, do Rio de Janeiro - RJ.

te a normalidade cotidiana e a empregar a criatividade, antes ociosa, na conquista de uma vida mais feliz e produtiva.

O livro de Brigitte Bouillerce e Emmanuel Carré é, sem dúvida, um estímulo muito bem-vindo para transformar nossas vidas. É uma obra para ser lida, relida e sempre consultada.

# INTRODUÇÃO

Cabeludo, óculos pequenos e redondos, olhar distante e distraído, respostas na ponta da língua ou uma idéia genial e inovadora bolada nos fundos da garagem. A imagem estereotipada do "criativo" das agências de publicidade e do inventor de fim de semana sugerem personagens fora do comum, simpáticos e bizarros, mas também inacessíveis. É tentador ater-se a essa imagem e considerar que nossa capacidade de produzir idéias novas e originais é limitada.

No entanto, em nosso ambiente social (familiar e profissional), sempre nos deparamos com dificuldades a superar, tarefas insólitas ou projetos cuja realização requer espírito inventivo. E acabamos tendo idéias, criando truques para aperfeiçoar métodos de trabalho, cultivar dotes culinários ou organizar uma quermesse na escola do bairro.

Todas essas ocasiões correspondem a momentos criativos. Em circunstâncias normais, utilizamos recursos pessoais para reunir de maneira totalmente nova nossos conhecimentos e habilidades. Mas essa disposição pode ser cultivada: basta compreender seus mecanismos de base, fazer um balanço de nossas aspirações e treinar.

Lembre-se dos conselhos do instrutor na primeira vez que você se sentou ao volante do automóvel, na auto-escola: colocar o cinto de segurança, olhar pelo retrovisor, pisar na embreagem, trocar de marcha, olhar para os lados, prestar atenção aos veículos da frente, às placas de sinalização... Com a prática, e após alguns milhares de quilômetros rodados, você adquiriu segurança para dirigir sob a chuva, de noite, ou na estrada, sem nunca desviar a atenção. O domínio das regras, a experiência e o prazer lhe proporcionaram mais confiança, facilidade e reflexos mais rápidos.

Esperamos que os mecanismos criativos descritos neste livro se tornem tão naturais a você quanto dirigir um automóvel. Para isso, dividimos o percurso em três etapas.

A primeira parte desta obra apresenta as condições necessárias para o desenvolvimento do pensamento criativo, que definiremos como o "estado de espírito" necessário para produzir idéias, sozinho ou em grupo. Para isso, estabelecemos parâmetros concretos para medir os estilos criativos, a partir dos quais você poderá descobrir seu próprio perfil. Antes de buscar idéias inéditas ou originais, é indispensável definir com precisão o âmbito de pesquisa. E, em geral, o modo de descrever o "problema" ou a situação inicial condiciona a localização de soluções eficientes. Veremos como tratar esta etapa importante da progressão graças a um método que pode ser utilizado por um grupo de trabalho.

A segunda parte desta obra permitirá organizar a caixa de ferramentas do "criativo", mostrando técnicas para otimizar os recursos subutilizados de nossa imaginação. Aprenderemos também a aguçar nossa percepção para ampliar as possibilidades de representações. Mostraremos como sistematizar a associação de idéias para dar origem a novas soluções, ou como as metodologias analógicas permitem imitar com sucesso o que se passa ao redor. Além disso, veremos como a exploração dos sonhos facilita a maturação de idéias.

A terceira parte nos ajudará, por fim, a colocar em prática um método criativo completo, em seis fases, para desenvolver a criatividade no interior do grupo. Após ter visualizado as condições práticas de desenvolvimento de uma reunião criativa, organizaremos o trabalho de produção, análise e seleção de idéias para construir um plano de ação operacional.

O objetivo deste livro é ajudar o leitor a olhar o mundo de forma diferente, estimulando-o a produzir idéias concretas e inéditas. Este processo poderá guiá-lo em muitas situações, pois as ferramentas propostas aqui podem ser aplicadas não só no âmbito da reflexão pessoal e solitária, mas também no trabalho em grupo.

Os conceitos e técnicas apresentados foram elaborados por teóricos e profissionais da criatividade, que apresentaremos ao longo dos capítulos. Tivemos a oportunidade de aplicar seus métodos, adaptá-los, e até mesmo concebê-los graças à participação entusiasmada de um vasto público de estagiários, estudantes e profissionais. Queremos agradecer a eles por sua colaboração ativa e sempre encorajadora.

Também deixamos aqui nossos agradecimentos a Vincent Beurrier e Thierry Roques, professores na Escola Superior de Comércio de Bordeaux e mediadores do laboratório de criatividade; e a Françoise Rousseau, da Ludicom, pelos conselhos sempre pertinentes.

# Parte I

# Tornar-se criativo

Capítulo 1

# CONDIÇÕES PARA CRIAR

A criatividade é o caminho mental que percorremos para descobrir novas relações entre as coisas. Graças a ela, somos capazes de produzir idéias úteis e originais em vários tipos de situação.

Seja no universo profissional, seja no social ou familiar, a mobilização de recursos criativos não se limita às grandes invenções, às obras de arte ou às idéias milionárias. Quando cozinhamos, consertamos coisas ou contamos histórias às crianças, estamos demonstrando criatividade.

Segundo a psicóloga americana Margaret Boden, há dois tipos de criatividade:

- A criatividade histórica, resultado pontual de uma invenção ou uma descoberta. São exemplos Pasteur e a descoberta dos microorganismos, Einstein e a teoria da relatividade, Newton e a gravitação, Freud e o inconsciente. A qualidade da solução proposta abre ao autor as portas de um reconhecimento duradouro, elevando-o à categoria de gênio.
- A criatividade psicológica, resultado pontual de uma pessoa anônima, que encontra uma solução inédita para suas necessidades.

Os exercícios seguintes mostram que podemos recorrer ao processo criativo naturalmente. A criatividade constitui uma maneira de ser e de pensar. É uma atitude individual corriqueira, acessível a cada um de nós e independente da "inteligência" medida pelo Quociente Intelectual (QI). Basta exercitá-la e cultivá-la com a ajuda de técnicas apropriadas para que se torne um estado de espírito.

### A criatividade no cotidiano

1. A geladeira está quase vazia. No entanto, você precisa preparar um jantar para quatro pessoas. O que você faz?
2. Você está voltando para casa quando ouve no rádio que uma enchente bloqueou todos os seus caminhos habituais. Que alternativa você procura?
3. A consulta marcada há muito com o oftalmologista às 17h30 coincide com a chegada inesperada de uma cliente ao aeroporto na mesma hora. Que decisão você toma?

## UM ESTADO DE ESPÍRITO

Nós todos dispomos de um potencial criativo que podemos desenvolver. Todo trabalho que usa a imaginação para produzir resultados novos e que funcionem necessita de um estado de espírito propício à criatividade. Qualquer que seja a área, devemos levar em conta cinco princípios para desenvolver de forma construtiva um estado de espírito criativo:

- lançar mão da experiência e de conhecimentos diversificados;
- reservar tempo e se esforçar;
- adotar uma atitude positiva em relação a si próprio e aos outros, e evitar a postura crítica que costumamos demonstrar diante de situações novas;
- confiar nos desvios às vezes irracionais do pensamento;
- confrontar as soluções que você encontrou com as dos outros para ampliar as perspectivas diante de uma situação.

### EXPERIÊNCIA

Jacques Ninio, biólogo contemporâneo, ensina que as aves foram os primeiros instrumentos que o homem utilizou para estender o alcance de seus olhos. Os vikings embarcavam centenas de corvos em seus navios e os iam soltando em alto-mar. Pelo modo como as aves voavam, eles deduziam se havia ou não terra firme por perto.

"Quinze minutos de trabalho e cinqüenta anos de experiência", teria dito Picasso ao mostrar a um amigo admirado um desenho que acabara de fazer.

"Como teve essa idéia?", perguntavam freqüentemente a Albert Einstein. "Pensando nisso sempre", ele respondia.

A capacidade de conceber a novidade depende, portanto, de nossa bagagem de experiências sensoriais e intelectuais. A pluralidade de conhecimentos armazenados em nosso cérebro permite, por meio de seu confronto com um dado problema, perceber novos modos de reflexão ou de ação. É importante ressaltar que criamos a partir de uma bagagem pessoal de conhecimentos, experiências, emoções e projetos. A criatividade corresponde a uma transformação, uma combinação inovadora de elementos que já existem. O resultado pode ser novo, inédito, mais adequado do que a situação inicial. Corresponde, no entanto, a uma recombinação daquilo que tínhamos à mão antes de conceber uma nova idéia ou solução.

## Tempo e esforço

Sabemos que a criatividade exige tempo e esforço. Para sermos criativos, podemos adotar um programa de treinamento que começa pelo aquecimento do espírito, como ocorre com os esportistas. Estes só podem tirar o melhor de seu corpo com muito empenho. A criatividade não é apenas um dom ou um momento de genialidade, mas o resultado de um longo percurso.

A iluminação, o instante mágico em que a criatividade se manifesta aparece na história das invenções como o resultado de um trabalho. A história mostra que Leonardo da Vinci desenhou milhares de mãos para aperfeiçoar sua técnica. Santos Dumont teve vários acidentes em aviões que não voaram e dirigíveis que não eram tão manejáveis quanto o nome indicava antes de fazer seu triunfal passeio aéreo em torno da Torre Eiffel.

O esforço requerido pela criatividade pode, portanto, ser medido materialmente (tempo, custos, recursos, grau de conhecimento) e psicologicamente (motivações, perseverança, empenho). Veremos, no capítulo dedicado à percepção, como este mesmo esforço pode se tornar um empecilho: tensão nervosa, medo do que os outros dirão, medo de estar enganado ou de perder tempo.

## Atitude positiva

Todos temos a faculdade de transformar nosso material mental, ou seja, combinar de formas diferentes os elementos de nosso arcabouço de representações. Esta transformação pode ser ativada por meio de três procedimentos: a valorização, a amplificação e a estimulação.

### A valorização: da idéia negativa à idéia positiva

Os matemáticos utilizam a noção de valor absoluto para representar a grandeza de um número: $|-456| = 456$. O resultado desta função é necessariamente positivo.

Da mesma forma, a busca de soluções deve levar em conta o que faz de uma idéia algo inovador e autêntico, mesmo que ela se exprima negativamente. A questão "What is good about it?" (o que é bom nisso?), muito em voga na cultura americana, ilustra esse estado de espírito.

### *Brainstorming*

Você precisa organizar uma festa familiar importante no mês de julho. Então anota todas as idéias que vêm a sua mente num papel, sem nenhum tipo de censura. Esse é o princípio do *brainstorming*, seqüência organizada de produção e seleção de idéias que, quando é aplicado à escrita, também é conhecido como *brainwriting* (veja também o Capítulo 5).

Ao reler essas anotações, você encontra idéias fantasiosas, irrealizáveis ou de pouca ajuda para que a noite seja bem-sucedida, como por exemplo:

- queimar a pérgola do jardim;
- furar os pneus dos convidados.

**O que fazer para tornar essas idéias utilizáveis e positivas?**

Algumas sugestões:

- o contrário de queimar: colocar um extintor perto da churrasqueira, ter certeza de que todas as saídas estão livres para o caso de incêndio, deixar todos os combustíveis longe do fogo;
- o lado positivo de queimar: providenciar uma tocha, fogos de artifício com toda a segurança, fazer uma fogueira;
- o contrário de esvaziar: encher balões para decorar o ambiente.

## A amplificação: da idéia positiva à idéia criativa

Prolongamento do princípio da valorização, a amplificação é o modo como buscamos aumentar o efeito de uma idéia e provocar novas associações. Muitas técnicas de estimulação individual ou de animação em grupo permitem aprofundar uma boa idéia inicial.

### Lista de idéias

Luc de Brabandère e Anne Mikolajczak, consultores em criatividade, mostram em sua obra os resultados a que chegaram em pouco tempo num seminário para ampliar a idéia de *post-it*, aquelas folhas, em blocos, que são destacadas e afixadas temporariamente em alguma superfície:

- Toalhas de mesa de papel que não levantassem com o vento;
- Propagandas eleitorais que poderiam ser retiradas logo após as eleições;
- *Post-it* transparentes que pudessem ser superpostos, em formato grande ou em papel carbono para os desenhistas;
- *Post-it* com adesivo de ambos os lados, ou que pudessem ser colocados numa impressora;
- *Post-it* em forma de animais para enfeitar festas.

### A estimulação: qualidade exige quantidade

A estimulação engloba os procedimentos que favorecem a expressão de idéias em quantidade. O princípio pode ser justificado de forma simples: estatisticamente falando, há mais chances de encontrar uma boa idéia entre cem do que entre três.

J.P. Guilford, psicólogo contemporâneo, propõe que nosso pensamento criativo tem duas etapas: a fase de divergência, que reúne um largo espectro de representações, e a fase de convergência, que permite a seleção. A criatividade só poderá surgir se empregarmos alternadamente estes dois enfoques. Caso contrário, não passará de uma brincadeira divertida e pouco produtiva.

A estimulação visa, portanto, suprimir as formas de autocensura individual ou coletiva que limitem a produção de idéias ou sua expressão.

## Os desvios irracionais do pensamento

A identificação dos processos psíquicos inconscientes foi apresentada por Freud, que até 1939 abriu os primeiros mapas da mente humana.

As diferentes descobertas da psicologia permitem ilustrar os mecanismos essenciais da criatividade.

O inconsciente pode ser concebido como o lugar psíquico onde ficam armazenados os instintos fundamentais da pessoa, como a libido e a pulsão de morte. Sua expressão, que, naturalmente, é levada ao campo consciente, encontra resistências de ordem social ou moral (recalque, censura). Os pensamentos podem aparecer sob a forma de imagens que tomam o lugar de conceitos abstratos; pensamentos e sentimentos ligados podem se desprender e formar unidades distintas; objetos e imagens podem, ao contrário, se interligar novamente por meio de semelhanças muito distantes.

A manifestação mais clara do inconsciente para cada um de nós é o sonho: Freud considerava possível decodificar o seu conteúdo manifesto (ou seja, a lembrança consciente que ele deixa) a partir de um trabalho de interpretação do conteúdo latente (composto de pulsões e de pensamentos inaceitáveis).

Da mesma forma, o inventor demanda um esforço de decodificação a partir do objeto de sua pesquisa: é buscando em seu potencial de ideação (reservatório de idéias, conhecimentos e pulsões) que ele faz reaparecerem representações simbólicas capazes de levá-lo a uma solução aceitável.

## O ANEL

Em 1866, o químico dinamarquês Friedrich Kekulé já estudava havia muitos anos a estrutura molecular dos compostos de carbono. A estrutura do benzeno (C6H6) era enigmática para os pesquisadores de sua geração. "Como estão organizadas as moléculas de carbono e hidrogênio que a compõem?", eles se perguntavam. Um dia, o cientista adormeceu diante da lareira. Seus sonhos o levaram das chamas e centelhas do fogo aos átomos de carbono. Estes rodopiaram e formaram uma roda, antes de pousar sobre uma serpente que mordia a própria cauda! Kekulé acordou tomado de uma convicção decisiva: a molécula de benzeno era como o anel fechado da serpente, e os átomos de carbono estavam interligados. Graças a ele, a química orgânica transpôs uma etapa importante de sua evolução.

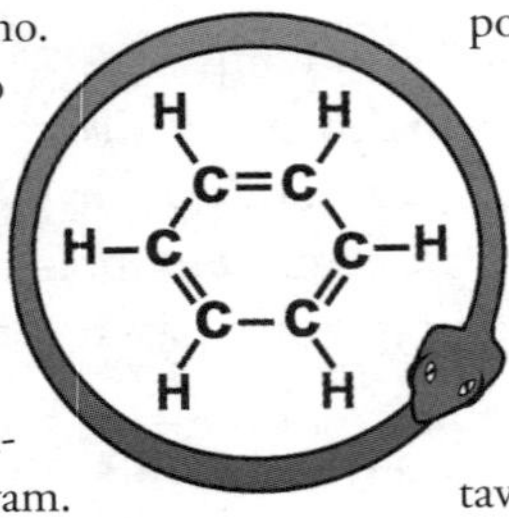

O inventor desmembra seu pensamento como um cozinheiro ao descascar uma fruta: até chegar ao âmago, ou potencial de idéias. Assim, ele faz emergir as idéias mais íntimas e recônditas, numa espécie de "purificação" do pensamento.

O princípio dos desvios irracionais é utilizado em certas técnicas coletivas de produção de idéias. Inicialmente, os membros do grupo tendem a expor apenas os pensamentos que estão dentro de um referencial comum aceitável. Esta auto-regulação prejudica o processo criativo, pois cada um limita sua contribuição ao que é valorizado pelo grupo, que acaba agindo como um freio. Para limitar este fenômeno, um mediador deve impedir a censura, garantindo que qualquer idéia seja acolhida. Assim, todas as proposições são examinadas, hierarquizadas e enriquecidas com diferentes sugestões. Esta etapa deve ser conduzida de uma maneira positiva, e as contribuições aparentemente fantasiosas, examinadas com seriedade, pois contêm o germe da originalidade. As idéias negativas são transformadas, e as positivas, amplificadas.

## Muitos caminhos possíveis

**Decifre:**

1 + 2 + 3 + 4 + 5 + 6+ 7 + 8 + 9 = ?

Faça rapidamente a soma com ajuda de papel e lápis.

**Resultado:** 45

## Confronto de soluções

O exercício pode ser resolvido de diferentes maneiras. E quanto mais gente tentar, mais alternativas teremos para encontrar seu resultado.

Uma das opções é acrescentar 1 a 2, depois a 3, e, assim, sucessivamente. Dessa forma, chegamos ao valor desejado mecanicamente. Mas também é possível recorrer a conhecimentos de matemática e aplicar a fórmula $n(n + 1)/2$, sendo $n = 9$.

Ainda é possível, ao unir com um traço as extremidades da operação, constatar que 1+9=10, 2+8=10, 3+7=10, 4+6=10. Resta o 5 (sem par), que se acrescenta ao 10 multiplicado por 4. O caminho é diferente, mas o resultado é o mesmo. Podemos generalizar esta experiência e chegar ao resultado enunciado: n/2 x a soma dos extremos (n+1).

Existem, portanto, inúmeros meios de encontrar um único valor considerado correto à questão proposta.

Dependendo de sua estrutura de pensamento, um indivíduo pode chegar a uma, duas ou mais maneiras de resolver determinado problema. Para descobrir as outras alternativas, deve recorrer a várias pessoas.

O surgimento de uma idéia, por mais brilhante que seja, não encerra o diálogo entre o pesquisador e seu objeto: mesmo que a solução se mostre correta e que seu autor esteja convicto, a idéia só se concretiza em seu confronto com o mundo dos fatos, quando outras pessoas poderão enriquecê-la.

### Criatividade em conjunto

Após uma caminhada de dez dias numa região fria, três jovens atletas voltaram para o lugar onde tinham deixado o seu carro. Assim que chegaram, perceberam que o veículo não dava partida. No grupo havia um engenheiro, que rapidamente fez seu diagnóstico: por causa do frio, a bomba de gasolina havia rachado e não conseguia mais alimentar o motor. Um dos jovens era médico, e sugeriu em tom de brincadeira: "O que este carro está precisando é de uma ponte de safena!" O outro atleta, um estudante de direito, replicou: "Eu trouxe um cantil de plástico; bastaria enchê-lo com gasolina e adicionar um tubo para fazer uma ponte que leve ao motor". Graças aos seus conhecimentos de mecânica, o engenheiro fez o dispositivo descrito, o médico acionou a bomba artesanal, e o estudante ficou ao volante. Uma hora depois, os companheiros de aventura chegaram a uma oficina e substituíram o sistema defeituoso.

Este exemplo mostra que a criatividade em grupo só funciona quando as pessoas envolvidas são capazes de trocar idéias de maneira positiva. Assim, é possível ultrapassar os campos das competências individuais e formar um amplo potencial de ideação comum. O engenheiro poderia ficar aborrecido com o comentário do médico: "Esqueça seus pacientes; trata-se de um motor!"; O estudante de direito poderia ter deixado os dois companheiros consertarem o carro, imaginando: "Em virtude de tal artigo, nosso seguro prevê a possibilidade de reposição..."; O médico poderia ter zombado da competência de seu amigo engenheiro e abandonado a sugestão estranha do estudante de direito: "Tudo isso não serve para nada; é preciso encontrar um mecânico...". Como se pode ver, a criatividade precisa primeiramente de um estado de espírito positivo. Mais ainda: para pôr em prática uma solução, precisamos lançar mão de conhecimentos de distintas áreas do saber. O grupo pode assim estar na origem de um processo criativo completo, desde a formulação do problema até a concretização da idéia.

## Como medir as atitudes

A noção de atitude para a criatividade é alvo de muitas discussões entre psicólogos e pedagogos, já que a palavra criatividade implica ao mesmo tempo a medida de um resultado, de um processo mental e de uma disposição pessoal.

Assim, tudo depende do ponto de vista adotado: diremos que alguém é criativo se acharmos que o resultado de seu trabalho é original e eficiente. Mas poderíamos também achar que um certo caminho mental (para solucionar um enigma, jogar cartas ou xadrez, por exemplo) é audacioso, criativo. Ainda podemos chamar de "criativo" (às vezes de forma pejorativa) qualquer comportamento individual não convencional.

Como, então, utilizar essas diferentes abordagens e estabelecer uma medida adequada para a criatividade? Propomos aqui três métodos de avaliação possíveis:

- Medir o resultado da produção individual ou em grupo, tal como é feito ao final de certos testes de seleção;
- Avaliar o caminho percorrido no processo criativo, que pode ser observado numa dinâmica de grupo;
- Examinar as disposições e preferências individuais, por meio de um questionário ou uma entrevista.

## Como medir os resultados

Medir resultados é uma forma de avaliar quantitativamente a capacidade de criação. Muitos critérios foram definidos para medir o desempenho de sujeitos colocados numa mesma situação (interpretação de uma imagem, montagem de um quebra-cabeça, solução de um enigma etc.). Os testes mais conhecidos nessa área foram desenvolvidos por J.-P. Guilford e E. Paul Torrance (psicólogo que elaborou instrumentos de medição da criatividade a partir de testes), nos anos 1950. Eles analisavam a criatividade de uma produção a partir de quatro critérios: fluidez, flexibilidade, originalidade e elaboração das proposições.

A **fluidez** é a medida da quantidade de idéias emitidas dentro de uma determinada categoria (veja o quadro: duas idéias se aplicam à construção de estruturas, uma à comercialização, e assim por diante).

A **flexibilidade** é a capacidade de propor idéias em categorias diversas (seis em nosso exemplo).

A **originalidade** é o caráter daquilo que é menos freqüente, pouco convencional (por exemplo, o esconderijo).

A **elaboração** diz respeito à viabilidade de concretização da idéia ou à riqueza de detalhes empregados para descrevê-la (aqui, o economizador de água é ao mesmo tempo original e elaborado em relação à questão proposta, já que oferece uma forma de utilização concreta para economizar o volume de água equivalente ao dos tijolos).

### Idéias concretas

**O que fazer com um monte de tijolos?**

- vender, trocar, usar;
- uma casa, uma garagem;
- uma arma, um martelo, um quebra-nozes;
- uma estante para livros, uma prensa;
- um esconderijo;
- um economizador de água nas caixas-d'água, colocando tijolos dentro do reservatório.

## O caminho da criatividade

A avaliação do caminho percorrido pela criatividade é muito mais difícil, pois é qualitativa. Além disso, mede um processo, e não um resultado. Observar a elaboração de uma idéia e generalizá-la não é nada simples, afinal, cada experiência é única. Sabemos simplesmente que, na maioria das vezes, esse processo se desenvolve em quatro fases, durante as quais a personalidade de cada um se exprime de forma diferente.

## As quatro fases do processo

Já definimos anteriormente a criatividade como a realização prática de um potencial pessoal, por meio de um processo que permite encontrar idéias novas, úteis e originais.

Para Hubert Jaoui, um dos pedagogos mais célebres da França nessa área, a intenção de encontrar a resposta mais adequada para uma situação faz com que as pessoas mobilizem seus recursos intelectuais e afetivos numa busca criativa.

Nos anos 1920, o psicólogo britânico J. Wallas distinguiu quatro etapas indispensáveis ao processo criativo: a preparação, a incubação, a iluminação e a verificação.

### A COROA DE OURO

No século II a.C., o rei de Siracusa, Hierão II, pediu a um ourives que fizesse uma coroa real em ouro puro. Noventa dias após o pedido, o artesão lhe enviou uma belíssima peça finamente cinzelada. A coroa pesava exatamente o mesmo que lhe havia sido fornecido em ouro para a execução do trabalho.

Ao observá-la contra a luz, Hierão se perguntou se o ourives não teria misturado ouro e prata para produzir a jóia. Chamou Arquimedes, matemático e engenheiro de talento que estudava justamente o volume dos objetos esféricos e cônicos.

Infelizmente, a peça era muito delicada para que Arquimedes pudesse determinar com rigor uma eventual anomalia entre a massa e o volume. Só lhe restava então uma solução para ficar com a consciência tranqüila: alterar definitivamente o objeto, fundindo-o. O problema parecia, literalmente, insolúvel!

Após observar, no banho, que, conforme seu corpo mergulhava, a água subia, Arquimedes saiu de sua banheira gritando a célebre expressão: "Eureca!". Ele correu completamente nu pelas ruas de Siracusa para anunciar sua descoberta, que redigiu a seguir sob o nome de Tratado dos corpos flutuantes. Segundo o princípio fundamental da hidrostática, que leva hoje seu nome, pode-se calcular o volume da coroa mergulhando-a na água e medindo o volume de água deslocado. O artesão foi então desmascarado: a coroa havia sido fabricada a partir de uma liga de ouro e prata...

Arquimedes parte de um problema (uma "irritação" intelectual) que funda sua pesquisa. A **preparação** de seu trabalho surge sob a forma de cálculos iniciais com vistas a encontrar uma solução analítica, a partir de hipóteses. Esta fase corresponde a um estudo minucioso do objeto de pesquisa, por meio de sua descrição, sua formulação e o reagrupamento dos dados disponíveis. A coroa precisou ser medida muito atentamente. Seu aspecto e sua consistência perseguiram o espírito de Arquimedes durante muitas horas. A fase de **incubação**, freqüentemente a mais longa, corresponde a uma gestação mais ou menos consciente das soluções. Um mecanismo de recombinação, memorização, distanciamento, rejeição de hipóteses e reconstrução "fixa" o problema e "cerca" as possíveis soluções. O relaxamento de Arquimedes misturou o conjunto de preocupações que atormentavam seu espírito ao momento que ele vivia: o volume da coroa, o calor da água, o movimento de seu corpo etc. A **iluminação** manifesta-se no processo como uma ruptura: uma solução surge sem que se possa relacioná-la claramente às tentativas de compreensão que a precederam. Para alguns psicólogos, este momento corresponde a uma reestruturação imediata de nossa percepção. A recombinação dos elementos lança subitamente uma iluminação evidente sobre a atmosfera obscura do problema. As peças do quebra-cabeça se completam: "Eureca!". Agora Arquimedes precisaria apenas se dedicar à experimentação de sua idéia, o que corresponde à fase de **verificação**.

### Que passos você seguiu?

Tente localizar as quatro fases de sua reflexão, descritas acima, a partir das seguintes situações:

- Como você elaborou o último jantar que organizou?
- Como você organizou suas últimas férias?
- Como você decorou sua sala de estar?

Neste exemplo, a criatividade aparece como um diálogo contínuo entre o objeto de pesquisa (a coroa) e o sujeito que estuda (Arquimedes). Mesmo que pareça resultado de um caminho linear e evidente, a solução se dá a partir de muitas variáveis: a personalidade e a vontade do sujeito, o conjunto de conhecimentos, um pouco de sorte ou de desvios irracionais, um contexto histórico ou ideológico etc.

**Avaliação do processo criativo**

Apesar de depender de fatores diversos, a criatividade também obedece a constantes manifestadas no interior do grupo.

### Muitas mudanças

Doze pessoas se organizam em duas fileiras de seis, umas diante das outras, para participar de um jogo. O mediador procede em quatro etapas:

• Inicialmente, pede a cada um que observe a pessoa diante de si durante dois minutos.

• Em seguida, pede a todos que rodopiem 180º e mudem três detalhes de sua aparência em um minuto, no máximo. As pessoas voltam à posição anterior e devem indicar o que mudou na aparência de seu parceiro.

• O animador pede aos participantes que repitam a experiência (um minuto no máximo), mudando dessa vez seis detalhes que não foram modificados.

• Na última etapa, eles devem mudar nove elementos de sua aparência, seguindo a mesma instrução.

Esta seqüência evidencia uma série de reações comuns aos participantes, qualquer que seja a origem ou a natureza do grupo constituído.

Na fase de observação inicial, poucas reações são percebidas. Os jogadores ainda estão na defensiva, já que os objetivos do exercício não foram explicitados. Em geral, os participantes ficam tensos, mostrando timidez em ser observados por outras pessoas.

A segunda instrução ("dê um giro e mude três detalhes de sua aparência") revela mais claramente o desconforto entre o grupo. Após a experiência, os participantes falam espontaneamente sobre esse desconforto. Estas sensações são analisadas no capítulo dedicado à percepção da novidade: o tempo, os outros, a experiência.

Observa-se que a maioria dos participantes modifica detalhes da roupa: tira o relógio, um sapato, um brinco, a gravata, coloca os óculos ao contrário, troca um anel de dedo etc.

Após a fase de observação recíproca, quando as mudanças são percebidas pelos participantes, a tensão parece diminuir: o exercício termina, segue-se uma explicação e o problema é resolvido. Assim, quando o mediador pede para continuar a seqüência, com cada um mudando seis detalhes, costuma haver reações: "Por que seis? Seis novas? Nossa! Impossível!". As tensões já evocadas na primeira etapa se amplificam. O grupo entra num estado de estresse.

A maioria das seis novas mudanças corresponde, nessa segunda etapa, a adições e multiplicações: os participantes copiam transformações observadas nos colegas, reutilizam idéias nas quais eles não haviam pensado de início e acrescentam detalhes em sua aparência ou postura: um lápis dentro do bolso, um pedaço de feltro na mão, um *post-it* na testa... Quando as pessoas se viram novamente, as mudanças são claras, visíveis e até mesmo engraçadas. Nota-se em geral uma discrepância, tanto nas posturas como nos comentários: a missão "impossível" é bem-sucedida.

Quando o mediador pede ao grupo que repita pela terceira vez a operação (desta vez com nove mudanças), a inquietação é evidente, mas as pessoas participam do jogo com mais boa vontade. Como a gama de acessórios começa a faltar ao redor de cada um, observa-se uma espécie de cooperação

*(continua)*

**MUITAS MUDANÇAS** *(continuação)*

e de construção coletiva: as pessoas postadas na mesma fileira emprestam objetos e acessórios umas às outras para que consigam realizar o exercício e continuar surpreendendo seu par.

Ao final dessa seqüência, o mediador recolhe os comentários de todos os participantes.

A regularidade dos resultados obtidos nos mostra que alguns fenômenos são constantes e permitem identificar as fases características do processo vivido pelo grupo. Em alguns minutos, cada pessoa conseguiu mudar 18 elementos de sua aparência. O resultado é o mesmo para todos os participantes.

Numa primeira leitura, essa informação ilustra um desempenho meramente quantitativo. De fato, teríamos obtido um resultado mais baixo se tivéssemos pedido para os jogadores mudarem "alguns" elementos inéditos a cada etapa, sem outra instrução. E, se a proposta fosse mudar os 18 elementos de uma única vez, teríamos obtido uma recusa.

Observando com mais atenção, notamos que o comportamento do grupo evolui ao longo das etapas do exercício:

- num primeiro momento, a busca de soluções é vivida como perda – outros diriam como luto. Em geral, é livrando-se de objetos pessoais (relógio, anel etc.) que os jogadores realizam a primeira mudança de aparência;
- na segunda etapa, os participantes decidem juntar, reconstruir, transformar: a solução surge como uma recombinação dos elementos de seu ambiente imediato;
- na terceira etapa, os participantes trocam coisas entre si, partilham, imitam, multiplicam. A solução nasce de uma "co-construção". Colocados na mesma situação, eles aceitam confrontar seu sistema de representação com o dos outros.

## CRIATIVIDADE TEM ESTILO: AS "PREFERÊNCIAS CEREBRAIS"

Para determinar seu estilo criativo, é interessante que você entenda o funcionamento do cérebro humano, o que também pode ajudá-lo a identificar suas preferências cerebrais dentro das representações clássicas.

### Os trabalhos de R. Sperry

Foi sobretudo a partir de 1975, com os trabalhos de Roger Sperry, prêmio Nobel de Medicina de 1981, que o funcionamento do processo cerebral começou a ser conhecido. Sperry descobriu que cada um dos dois hemisférios cerebrais contribuía de maneira diferente no processo mental. De fato, é a qualidade das trocas elétricas entre os dois hemisférios que permite um funcionamento intelectual contínuo e integrado. O esquerdo parece ser responsável pelos processamentos lógicos, seqüenciais, analíticos ou racionais, enquanto o direito é mais especializado na percepção global, intuitiva e instantânea dos fenômenos. Desse modo, as soluções encontradas intuitivamente pelo hemisfério direito são provadas de forma lógica pelo esquerdo.

### Os trabalhos de Paul D. Mac Lean

Nosso cérebro levou milhões de anos para se desenvolver e adquirir sua estrutura atual. Cada estágio de evolução corresponde a uma camada cerebral. Devemos ao professor Paul D. Mac Lean a teoria da decomposição do cérebro "triuno", ou seja, em três camadas.

**Imagem do cérebro, segundo Paul D. Mac Lean**

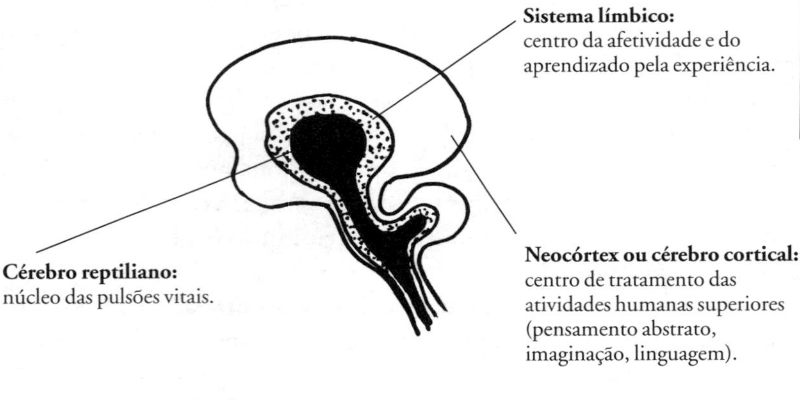


Esta representação permite explicar a diferença entre o que nos parece abstrato, conceitual e o que é concreto, palpável.

O **sistema límbico** é responsável pela memória e permite a aprendizagem. Corresponde a um nível de comando superior: evita obstáculos, reforça experiências positivas, busca o prazer... Esta zona é solicitada, por exemplo, no adestramento de animais. É também a zona que dirige as emoções.

O **sistema cortical** oferece um nível adicional de abstração: permite conceber sistemas abstratos, imaginar estratégias, antecipar eventos.

O **cérebro reptiliano** é remanescente de nosso passado pré-histórico. Ele controla nossas necessidades básicas e as experiências não verbais.

Em caso de estresse, bloqueia as camadas superiores, orientando ações como a fuga ou a luta. Também faz a interconexão entre os três estratos cerebrais, e nos permite uma visão da ação humana.

### O modelo de Ned Herrmann

Ned Herrmann, físico e diretor de recursos humanos da General Electric nos anos 1970, criou um novo modelo ao cruzar os trabalhos de R. Sperry e os de Paul D. Mac Lean.

Como seu objetivo era estudar comportamentos mais elaborados, não incluiu a parte reptiliana do cérebro nas suas análises. O esquema de funcionamento do cérebro que ele nos propõe foi desenvolvido a partir de um questionário realizado com milhões de pessoas.

**O modelo de N. Herrmann**

**CORTICAL: Conceitual, abstrato**

| | |
|---|---|
| **CORTICAL ESQUERDO**<br>**Palavra-chave: COMPREENDER**<br>• Precisa de dados quantificáveis, de modelos.<br>• Propõe idéias "comprovadas".<br>• Sente-se à vontade nos sistemas abstratos e lógicos (matemáticos). | **CORTICAL DIREITO**<br>**Palavra-chave: PROJETAR**<br>• Conceitualiza.<br>• Imagina, projeta idéias.<br>• Gosta de se arriscar, de fantasiar.<br>• Sente-se à vontade em meio a representações artísticas. |
| **LÍMBICO ESQUERDO**<br>**Palavra-chave: FAZER**<br>• Examina os fatos detalhadamente.<br>• Preocupa-se em seguir as regras, a lei.<br>• Propõe aplicações precisas. | **LÍMBICO DIREITO**<br>**Palavra-chave: ADOTAR**<br>• Atento à qualidade das relações humanas.<br>• Reage com virulência.<br>• Sente-se à vontade ao reformular idéias (principalmente as dos outros).<br>• Intuitivo, global. |

**LÍMBICO: Concreto, sensível**

Podemos descrever a criatividade como uma atividade que utiliza o "cérebro total", pois corresponde a um processo que utiliza, alternadamente, as potencialidades dos quatro grupos descritos por J. Wallas.

| HEMISFÉRIO ESQUERDO | HEMISFÉRIO DIREITO |
|---|---|
| **(1) Preparação**<br>• definição da situação<br>• análise dos fatos<br>• coleta de informações | **(3) Iluminação**<br>• "Eureca"<br>• visualização da idéia<br>• conceitualização |
| **(4) Verificação**<br>• exame detalhado da idéia em relação ao tema proposto<br>• organização dos fatos<br>• planificação | **(2) Incubação**<br>• mediação, crescimento<br>• percepção sensorial<br>• relação interpessoal |

## Descubra o seu estilo de criatividade

Elaboramos um questionário que fornece informações sobre as atitudes de cada um diante de situações sociais clássicas (se reunir, se comunicar, encontrar novas idéias etc.).

Este questionário é do tipo projetivo, ou seja, o resultado depende apenas de seu autojulgamento. Não se trata de um instrumento científico, mas de um indicador que pode situá-lo nas suas relações sociais.

Com a ajuda do modelo de N. Herrmann é possível interpretar os resultados do seu teste.

## Como proceder

1. Circule em cada casa do quadro a seguir a palavra com a qual você mais se identifica quando desempenha uma tarefa rotineira (como organizar um fim de semana, participar de uma reunião, programar a compra de um automóvel etc.).
   Mesmo que a escolha lhe pareça difícil, escolha o qualificativo que mais lhe convenha em cada caso.
   Só comece a fase 2 quando tiver terminado essa etapa.
2. Em cada uma das linhas ímpares, conte o número de palavras que você circulou.
3. Em cada uma das colunas pares, conte o número de palavras que você circulou.

| | 1 | 2 | 3 | 4 | 5 | 6 | 7 | 8 | 9 | 10 | 11 | 12 | 13 | 14 | 15 | 16 |
|---|---|---|---|---|---|---|---|---|---|---|---|---|---|---|---|---|
| 1 | Original | | Artístico | | Visionário | | Sonhador | | Empreendedor | | Brincalhão | | Estrategista | | Desafiador | |
| 2 | | Sintético | | Entusiasta | | Prático | | Calculista | | Original | | Apaixonado | | Organizado | | Lógico |
| 3 | Apaixonado | | Conciliador | | Afetivo | | Amigável | | Compreensivo | | Consensual | | Amável | | Serviçal | |
| 4 | | Global | | Intuitivo | | Preciso | | Modelizador | | Artístico | | Conciliador | | Detalhista | | Matemático |
| 5 | Organizado | | Detalhista | | Legalista | | Concreto | | Ordenado | | Pontual | | Seqüencial | | Programador | |
| 6 | | Idealista | | Relacional | | Cuidadoso | | Analítico | | Visionário | | Afetivo | | Legalista | | Rigoroso |
| 7 | Lógico | | Matemático | | Rigoroso | | Científico | | Financeiro | | Racional | | Quantitativo | | Técnico | |
| 8 | | Arriscado | | Visceral | | Clássico | | Avaliador | | Sonhador | | Amigável | | Concreto | | Científico |
| 9 | Sintético | | Global | | Idealista | | Arriscado | | Imaginativo | | Inovador | | Metafórico | | Simbólico | |
| 10 | | Imaginativo | | Bom ouvinte | | Administrativo | | Crítico | | Empreendedor | | Compreensivo | | Ordenado | | Financeiro |
| 11 | Entusiasta | | Intuitivo | | Relacional | | Visceral | | Bom ouvinte | | Emocional | | Formador | | Atento | |
| 12 | | Inovador | | Emocional | | Responsável | | Factual | | Brincalhão | | Consensual | | Pontual | | Racional |
| 13 | Prático | | Preciso | | Cuidadoso | | Clássico | | Administrativo | | Minucioso | | Responsável | | Convencional | |
| 14 | | Simbólico | | Formador | | Minucioso | | Controlado | | Estrategista | | Acolhedor | | Seqüencial | | Quantitativo |
| 15 | Calculista | | Modelizador | | Analítico | | Avaliador | | Crítico | | Factual | | Investidor | | Controlado | |
| 16 | | Metafórico | | Atento | | Convencional | | Investidor | | Desafiador | | Serviçal | | Programador | | Técnico |

4) Transcreva os resultados para o quadro abaixo:

| | | | |
|---|---|---|---|
| Linha 1: ............. | Linha 3: ............ | Linha 5: ............. | Linha 7: ........... |
| Linha 9: ............. | Linha 11: ........... | Linha 13: ........... | Linha 15: ........... |
| Coluna 2: .......... | Coluna 4: ........... | Coluna 6: ............ | Coluna 8: ........... |
| Coluna 10: .......... | Coluna 12: .......... | Coluna 14: ........... | Coluna 16: .......... |
| **Total:** .............. | **Total:** .............. | **Total:** ............... | **Total:** ............. |
| **PROJETAR** | **ADOTAR** | **FAZER** | **COMPREENDER** |

5) O total de pontos deve dar 64. Caso contrário, verifique se você circulou uma palavra em cada casa e se as somas das colunas e das linhas estão corretas.

6) Você pode colocar os totais obtidos sobre os eixos representados no esquema seguinte. Juntando os pontos, você terá uma visão de seu perfil.

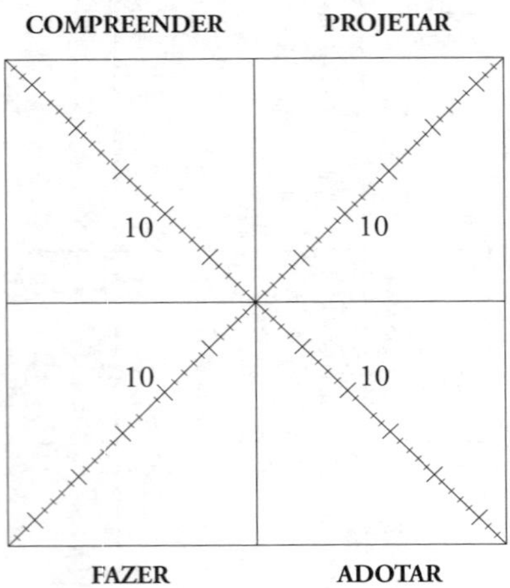


## Interpretação

As indicações relativas ao seu perfil o ajudarão a identificar as situações nas quais você se sente mais à vontade na vida cotidiana. Não existe "o perfil certo", o perfil quadrado significa apenas que a pessoa se sente à vontade em diferentes registros.

Apresentamos aqui uma tipologia superficial dos perfis monodominantes, ou seja, que obtêm uma pontuação bem alta em um dos quadrantes.

**Ênfase em Compreender:**

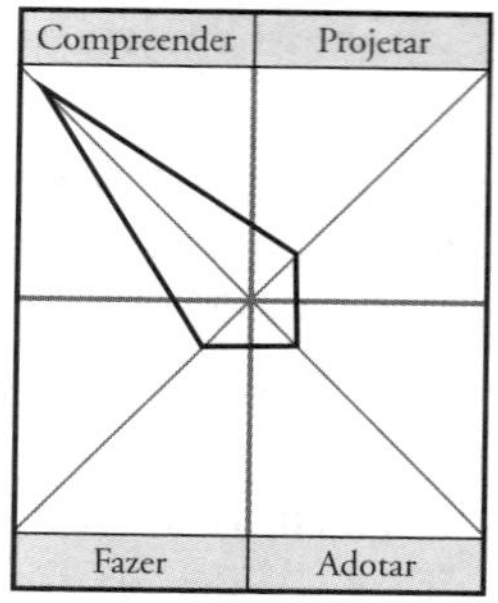


A pessoa com este perfil pesquisa antes de compreender os fenômenos que a cercam e sente-se à vontade em operações de modelização (equação, análise de sistemas). Ela procede dentro de um esquema clássico hipotético-dedutivo, ou seja, explora seu potencial de ideação de forma lógica, partindo de fatos, de operações estruturadas e, se possível, baseando-se em números. Essa pessoa sente-se à vontade na fase de preparação, que consiste na análise dos fatos, coleta de dados, equacionamento ou criação de um modelo do problema, mas também pode se empenhar nas outras fases e compreender seu objetivo.

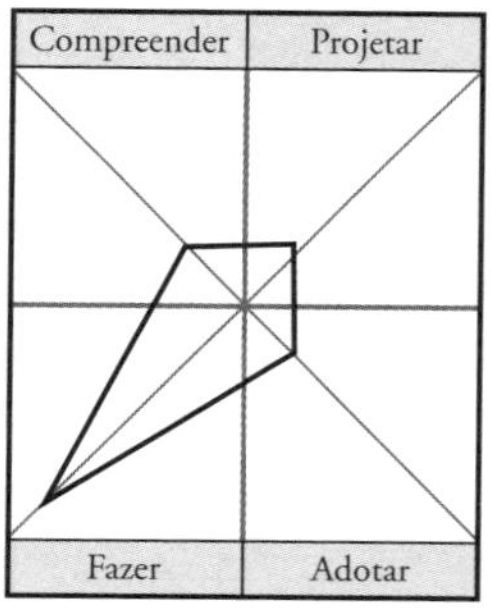


**Ênfase em Fazer:**

A pessoa com este perfil sente-se à vontade na organização, planificação e exame detalhado dos fatos. Ligada às noções de regra e de procedimento, gosta de apresentar idéias estruturadas, verificadas e baseadas em fatos. Também tem desenvoltura na fase de verificação, que é a adequação entre a solução operacional e o problema colocado, através de planejamento, organização das idéias, realização de um protótipo etc. Ligada à noção de procedimento, respeita as diferentes fases do processo se o mediador (legítimo) estabelecer limites concretos.

**Ênfase em Adotar:**

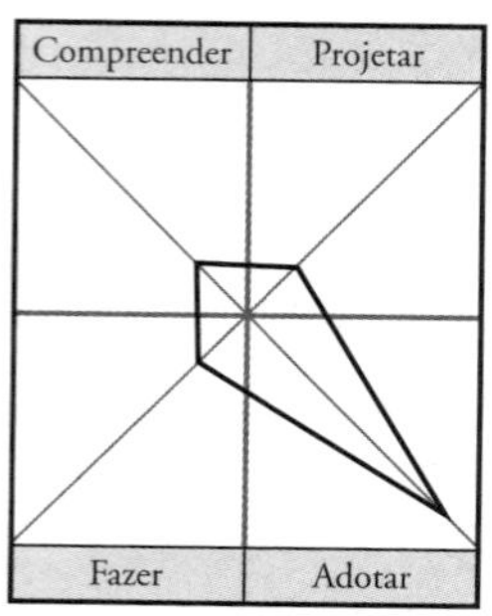


Este perfil traduz uma forte propensão a agir a partir de bases afetivas. A palavra de ordem aqui é adotar. O comportamento é marcado por reações de natureza visceral ou sensorial. Atenta à qualidade das relações interpessoais, a pessoa sente-se à vontade em papéis de coordenação e de ouvinte dentro do grupo. Vive a fase de incubação como uma oportunidade para partilhar experiências, aprofundando-se no tema com e pelos outros. O prazer da troca reforça suas qualidades de empatia e o seu poder de liderança.

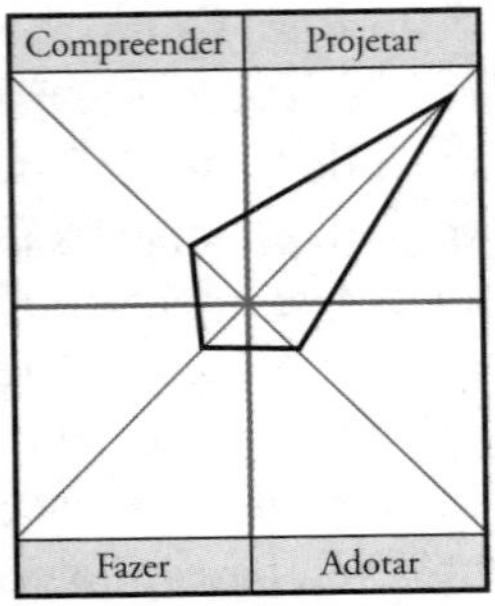


**Ênfase em Projetar:**
Esta pessoa sente-se à vontade em operações de síntese e de imaginação, desde que possa projetar idéias (sem se preocupar com sua aplicabilidade imediata). Privilegia a fase de divergência e explora seu potencial de ideação de maneira intuitiva. Também se destaca na fase de iluminação, quando visualiza e conceitua a idéia, podendo elaborar uma visão de longo prazo. Participa de todas as etapas organizadas em forma de jogos.

# Capítulo 2

# PERCEPÇÃO AGUÇADA

## O QUE É A PERCEPÇÃO?

A percepção é o processo pelo qual os estímulos sensoriais são estruturados para dar sentido à ação.

Nosso sistema sensorial recebe continuamente estímulos do ambiente, como cheiros, sabores, imagens ou texturas. O cérebro trata esses dados primários e acrescenta significado a essa massa de informações. O mecanismo da percepção é particularmente complexo: ele dispara um dispositivo químico e elétrico muito elaborado, que transforma a informação recebida pelos receptores (olhos, mãos, ouvidos, língua e narinas) em uma representação conceitual. Ele solicita nossa cultura, lembranças, imaginação e hábitos.

### Pato ou coelho?

O que você vê na imagem ao lado? Espontaneamente, percebemos um pato com o olhar voltado para a esquerda. Nosso cérebro reconhece a forma geral, o bico, o pescoço, um olho e conclui: é um pato. Esta imagem corresponde a uma percepção de tipo clássico. Se nos esforçarmos para descobrir outro significado, para além das evidências, reconheceremos também um coelho. Para isso é necessário "aceitar" que o coelho esteja com as orelhas na horizontal, o que contraria nossos hábitos.

(Fonte: Joseph Jastrow, 1900.)

A percepção corresponde, portanto, a um processo duplo, dividido em sensorial (aquilo que é captado pelos sentidos) e intelectual (o significado que damos a essas informações). As duas operações se dão num tempo muito curto, e o julgamento ligado à percepção é executado em alguns milésimos de segundo.

Os cinco sentidos só captam uma amostra muito reduzida dos estímulos aos quais estão expostos. Os receptores sensoriais têm alcance reduzido, mais ou menos acentuado, de acordo com as diferentes espécies animais, e só dão conta de uma parte ínfima dos fenômenos que ocorrem ao nosso redor. Não somos capazes, por exemplo, de detectar os campos magnéticos, as ondas hertzianas, os raios ultravioleta ou o tempo que passa. Para tornar inteligíveis esses fenômenos, é necessário um sistema de representações sob a forma de uma "aparato" (físico ou conceitual): um relógio, um radar, um amplificador etc.

Portanto, uma parte da nossa compreensão do mundo depende de capacidades fisiológicas (ver, escutar etc.); a outra parte depende de nosso referencial sociocultural, moldado por nossa educação, cultura, gostos e o contexto em que evoluímos.

### PÁRA-BRISAS

Nos Estados Unidos, nos anos 1950, os habitantes de Seattle perguntavam-se sobre um fenômeno incomum que atingia sua cidade: os pára-brisas dos automóveis estavam cheios de finíssimas trincas.
Diante da amplitude do fenômeno, o governador do Estado nomeou uma equipe de cientistas que chegou a duas hipóteses: poderia tratar-se de precipitações corrosivas após os testes nucleares soviéticos, ou ainda de projeções de gotas de ácido provindas do tipo de asfalto recentemente colocado nas ruas. Ao visitar o local, os especialistas encarregados da pesquisa disseram que o número de pára-brisas trincados em Seattle era absolutamente normal.
Os habitantes de Seattle é que tinham um cuidado excessivo com seus veículos e prontamente reparavam em seus pára-brisas, naturalmente desgastados pelo tempo.

Neste exemplo, foi a **atenção** direcionada a um certo fenômeno que tornou possível sua percepção e, por conseqüência, a grande importância dada ao evento. Se nossa atenção é mobilizada para a leitura de um livro, os elementos sonoros e visuais que nos cercam são pouco perceptíveis, a menos que façamos um esforço para notá-los. Por outro lado, se um ruído inesperado ou incongruente chega aos nossos ouvidos durante a leitura, provavelmente levantaremos a cabeça para ver o que se passa. Nesse caso o reflexo é acionado, e a reação é imediata. A mesma coisa acontece quando colocamos a mão sobre uma fonte de calor e a retiraramos dali no mesmo instante. Como os estímulos são permanentes em nossa vida cotidiana (vozes, imagens, odores etc.), dosamos nossa percepção em função do interesse que eles nos despertam, construindo assim uma significação.

Perceber é, portanto, recolher informações em estado bruto, confrontá-las com experiências passadas e dar a elas uma significação.

## Por que aguçar a percepção

Percebemos no quadro um pequeno círculo preto encavalado sobre um círculo branco maior. Do que se trata, afinal? De um eclipse solar, uma fase lunar, um anel, um alto-falante, um olho, um funil, um elétron de hidrogênio?

**Faça uma legenda**

Faça a lista do que você enxerga no desenho abaixo.

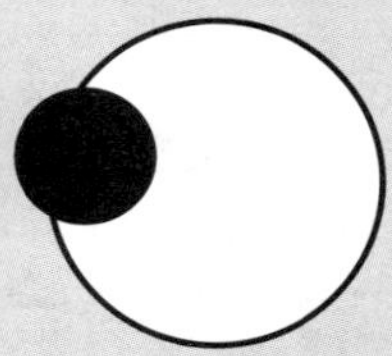

Para dar sentido à imagem que observamos no desenho, nos deixamos guiar por um conjunto de experiências vividas anteriormente, por nossa capacidade de abstração e pelo vocabulário de que dispomos.

Podemos, a partir daí, encontrar uma dezena de significados diferentes, enriquecendo nosso repertório de sensações e de conhecimentos. Aceitar os vários significados de um fenômeno e enxergá-lo sob uma multiplicidade de ângulos já é um bom começo para descobrir soluções originais.

## Como apurar a percepção

Na vida cotidiana, a "normalidade" de nossa percepção garante uma certa estabilidade nas relações e até mesmo um certo conforto. Ficaríamos bastante surpresos se alguém dissesse que vê um pente ou um cortador de grama na figura com os dois círculos.

Aguçar a percepção significa, portanto, aceitar o desconforto, mas também a surpresa e o prazer que podemos extrair das situações mais corriqueiras, dos problemas mais clássicos e das imagens mais comuns.

## Atenção

Aprendemos, com os exemplos precedentes, que a atenção corresponde a um esforço que dosamos para examinar um fenômeno, a partir do nosso interesse em aprofundar um tema. A atenção enriquece nossa percepção em atividades bem simples, como a apreciação de cores, sabores, formas e quantidades. Ela marca a diferença entre olhar e ver, escutar e ouvir, apalpar e tocar.

A percepção desses signos supõe um primeiro esforço para visualizar a figura por diferentes ângulos, e um segundo nível de atenção para identificar elementos conhecidos. No entanto, paramos de observar a imagem quando imaginamos estar diante de sinais incongruentes, e, a menos que nos peçam, deixaremos de buscar formas conhecidas.

Mobilizar a atenção significa dedicar tempo para encontrar novas relações entre os elementos que nos parecem familiares à primeira vista. Este exercício de concentração aumenta nossa capacidade de percepção, pois, com freqüência, nos limitamos a um exame rápido de situações cotidianas.

Na maioria das vezes, a atenção é indispensável para identificar os elementos-chave para solucionar um problema.

### Capacidade de contar

Nossa faculdade natural de perceber quantidades e números é bastante limitada e, em geral, não ultrapassa quatro elementos. Num só relance, vemos na figura ao lado um, dois, três ou quatro símbolos em cada conjunto, mas precisaremos contá-los quando a quantidade for superior a quatro.

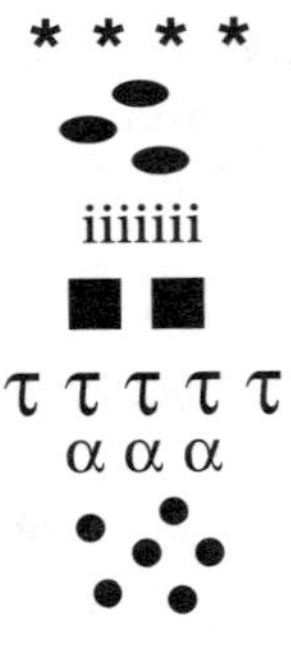

Muitas tribos da Oceania declinam as forma gramaticais no singular, no "dual", no "trial", no "quadrial" e, finalmente, no plural, quando os elementos em questão são mais de quatro. Da mesma forma, em latim, os nomes dos quatro primeiros números (unus, duo, tres, quatuor) são os únicos a serem declinados. Assim, nossa percepção espontânea da pluralidade é limitada se não recorremos a uma forma especial de atenção.

### As armadilhas da atenção

Em alguns casos, a atenção nos impede de perceber coisas importantes, pois supõe a dedicação de energia na observação de um único elemento do ambiente. Por conseqüência, ignoramos outros objetos que poderiam nos ser úteis. Os psicólogos chamam esse fenômeno de efeito de centração. Trata-se de uma distorção na percepção de certo fenômeno por conta da atenção excessiva investida em um detalhe.

De fato, a atenção é direcionada ao elemento que nos parece mais importante, e isso pode induzir ao erro. Tal situação é freqüente quando somos convidados a decifrar uma charada.

## Teste sua atenção

• Dez andorinhas estão pousadas sobre um fio de alta-tensão. Num mesmo movimento, quatro caçadores dão tiros de espingarda e matam uma ave cada um. Quantas andorinhas restarão ali? Somos inclinados a responder 10 - 4 = 6. Ora, na realidade, não ficará nenhuma, pois as 6 andorinhas restantes terão voado ao primeiro tiro!

• Leia em voz alta as palavras seguintes: branco, branco, branco, branco, branco, branco, branco, branco, branco, branco. E agora responda à seguinte questão: o que a vaca gosta de beber?

**Atenção útil**

A atenção que dedicamos a um problema merece então uma "limpeza" para aguçar nossa percepção. Devemos estimular a identificação de muitas imagens relacionadas a um mesmo tema e, assim, evitaremos alguns "vícios" de interpretação. Para desenvolver nossa atenção de maneira cronológica, poderíamos nos exercitar em anotar a primeira impressão, depois emitir outro julgamento após um exame meticuloso, e por fim um julgamento global avaliando a situação toda.

## Mulheres, mulheres...

O desenho representa um personagem feminino (versão moderna de uma ilustração do psicólogo americano E. G. Boring).

1) Que idade tem ela?
2) Prestando atenção, você consegue enxergar um personagem de idade oposta? Se viu uma mulher jovem, consegue reconhecer uma velha senhora, e vice-versa?
3) Você acha fácil passar de um sistema de representação a outro? Consegue ver as duas imagens simultaneamente?

A ilustração desse quadro foi concebida precisamente para que pudéssemos ver duas formas radicalmente diferentes. Dominamos nossa atenção quando conseguimos passar facilmente de uma representação a outra.

## Como adquirir bons hábitos

O **hábito** é uma disposição adquirida por meio de atos repetidos. Muitas vezes, ele é um obstáculo à qualidade da percepção, pois limita nossa atenção a elementos específicos.

O caráter mecânico da vida cotidiana acaba deixando a percepção lenta e restrita, já que deixamos de notar uma grande parte da movimentação ao nosso redor.

### Hábitos

- Ao dirigir, fazemos uma série de movimentos sem perceber. Pisar na embreagem, mudar de marcha e olhar pelo retrovisor são gestos automáticos que, um dia, precisaram de muito treino para serem executados.
- Observou-se que os homens costumam fazer a barba de manhã, começando sempre pelo mesmo ponto do rosto, assim como as mulheres geralmente repetem seus gestos na mesma ordem ao se maquiarem.
- Philippe Bourguignon, presidente mundial do Club Med, conta que a cada manhã se barbeia de uma maneira diferente. Para evitar a rotina, ele sempre coloca seu barbeador num lugar diferente. "Isto me obriga a ser ativo todos os dias, desde as primeiras decisões que preciso tomar."

A percepção é, portanto, condicionada pela repetição de experiências, gestos, fórmulas ou idéias que reforçam a organização das representações.

Prisioneira das relações consolidadas pelas experiências, ela reconstitui os elos já estabelecidos entre os elementos de nosso patrimônio intelectual.

### Em plena forma!

Descreva o que você vê na figura A e na figura B:

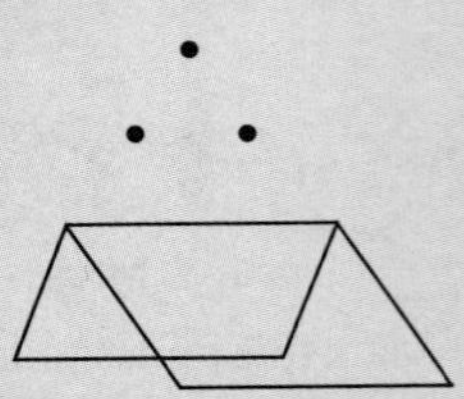

A ------------------------------------------------

------------------------------------------------

B ------------------------------------------------

------------------------------------------------

------------------------------------------------

No desenho A desse quadro, enxergamos com facilidade um triângulo (ou os seus três vértices), e não três pontos quaisquer. Ao observar o desenho B, vemos dois paralelogramos com um ângulo comum, e não sete linhas distintas.

Numa segunda leitura, a percepção se enriquece com elementos de nosso cotidiano: alguns enxergam uma barraca de camping, outros, um livro aberto, um telhado etc.

Assim, se o hábito determina nossa percepção, verificamos que a estrutura que prevalece é em geral a menos complicada, a mais regular, a mais simétrica etc. Uma corrente famosa da psicologia – a **Gestalt**, escola que descreve a percepção como um fenômeno mecânico – diz que o significado que assimilamos a partir de um elemento é condicionado pelas relações que este estabelece com outros elementos.

Ter hábitos é, portanto, natural; corresponde a uma necessidade de estabilidade e segurança. Eles nos permitem viver com menos estresse, já que as mudanças costumam provocar tensão. Por outro lado, os hábitos bloqueiam nossa capacidade de apreciar positivamente o que é novo.

A novidade é a qualidade do que percebemos pela primeira vez. Trata-se de um fenômeno necessariamente inédito, original. A percepção da novidade requer que nosso espírito seja capaz de romper antigas relações e se libertar das ligações preestabelecidas.

### Que novidade!

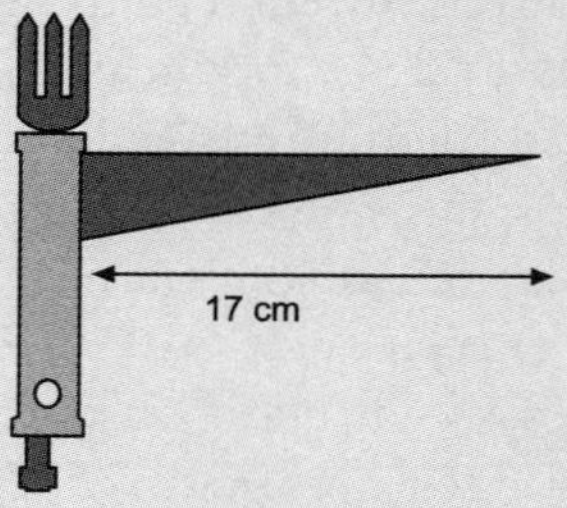


O departamento comercial de uma empresa pede que você, na qualidade de consumidor potencial, anote suas reações diante deste novo produto.
Seus comentários serão transmitidos ao criador do aparato.
Anote todas as observações em uma folha de papel (dúvidas, críticas, sugestões etc.).

Aqui está uma classificação das manifestações mais comuns quando propomos esse exercício em seminário:

- **Produto:** A lâmina é dobrável? O cabo é muito pequeno para que a lâmina seja dobrável. O garfo e a faca não podem ser utilizados ao mesmo tempo. É perigoso. As proporções entre a lâmina e o cabo estão mal-adaptadas. O garfo não pode pegar muita coisa. A extremidade na base do cabo tem alguma utilidade? Seria difícil carregá-lo no bolso. É impossível comer com isso. Como se chama esse utensílio? Qual é o material utilizado? É sólido? Resistente? É necessário rever sua concepção.

- **Dinheiro:** Quanto custa? É um roubo. Não me imagino comprando esse tipo de produto. Qual é o preço de custo?
- **Julgamento de valor:** É frágil. Não tem utilidade. É uma enganação.

Durante o seminário, o mediador valida todas as proposições. Sem sofrer censura de sua parte, o grupo exerce seu espírito crítico. As pessoas se questionam sobre a utilidade do produto e procuram uma forma conhecida para ele (um cabo, uma lâmina, um garfo), comparando-o a um utensílio de cozinha. Ao longo do encontro, o projeto é criticado, corrigido e, em definitivo, rejeitado. No entanto, o objetivo da reunião é registrar as reações e não tomar uma decisão. A passividade cordial do mediador encoraja o grupo nessa direção.

Se analisarmos em detalhes a evolução das reações, observaremos:

- a necessidade de se apoiar em soluções já conhecidas, de localizar formas e situações que nos sejam familiares;
- uma rejeição quase automática do que não é igual ao que já conhecemos;
- uma série de opiniões dadas livremente graças ao estímulo do mediador.

Concordaremos com os consumidores de nossa reunião ao dizer que o produto apresentado é pouco inovador, perigoso e difícil de manejar. Além dessas objeções, notaremos também que a maior parte dos participantes quer devolver o protótipo ao criador do projeto, em vez de propor um nome, funções ou utilizações possíveis. E se a figura for um logotipo para um fabricante de canivetes suíços? E se este produto estiver destinado aos canhotos? E se puder ser usado para aparafusar objetos em lugares inacessíveis? E se for uma "garfaca" ou um "fagarfo", uma antena telescópica, um cortador de espaguete automático, uma pipa etc.?

Estas hipóteses ainda parecerão fantasiosas, dado que nossa percepção da normalidade está profundamente fundada em nosso sistemas de representações.

A energia que investimos na criação de argumentos críticos e negativos é bastante considerável.

### Frases corriqueiras

Observe se as frases a seguir não costumam de brotar nas reuniões profissionais, familiares ou sociais.

• O tempo: temos questões mais importantes a tratar / veremos isso da próxima vez / é necessário ainda estudar a questão / devemos esperar a decisão do responsável / não podemos tratar todos os problemas ao mesmo tempo / é necessário fazer um plano / nosso programa já está bastante cheio / deixemos esta questão para mais tarde / deveríamos ter pensado nisso antes / é muito cedo (tarde) para continuar.
"A verdade não tem hora, é de qualquer tempo, precisamente quando nos parece inoportuna." (Albert Schweitzer)
• O dinheiro: devemos ver antes de tudo se é lucrativo / não está no orçamento / quanto custa? / vale a pena? / isso custará muito / será necessário prever um plano de investimentos especial / não temos dinheiro / seria necessário fazer uma parceria.
"Se o dinheiro não traz a felicidade... livre-se dele!" (Jules Renard)
• A experiência: isto já foi tentado / sabemos no que isso vai dar / é uma velha idéia de X que não deu em nada / não é da nossa área / os concorrentes já fizeram isso / é o tipo de projeto que iremos abandonar / é sempre a mesma história / acredite em mim, está nesse pé há cinco anos.
"A experiência é o nome que cada um dá a seus erros." (Oscar Wilde)
• A lógica: das duas uma... / isso não se sustenta / não é muito racional / não é tão simples quanto parece / precisamos de uma resposta clara / é preciso olhar as coisas de frente / está na ordem das coisas / é preciso detalhar o relatório / devemos olhar as coisas mais de perto / não vejo outra solução / sim, mas...
"Quando você 'supõe que o problema esteja resolvido', por que então continua mesmo assim a demonstrá-lo? Não seria melhor ir dormir?" (Jean Tardieu)
• Os outros: vão achar que somos doidos / eles jamais concordarão / acham que somos uns... / Isso vai chocar / é politicamente inaceitável / eu bem que gostaria de saber o que fulano está pensando / os consumidores pensam que... / em geral se considera que...
"Para uma resposta afirmativa, há apenas uma palavra: sim. Todas as outras foram inventadas para dizer não." (Tristan Bernard)

As objeções apresentadas se baseiam num mundo conhecido, em experiências vividas e em nossos hábitos.

Não estamos com isso tentando destruir as rotinas e esquemas familiares dentro dos quais costumamos nos situar. Mesmo porque dispomos de uma quantidade considerável de argumentos para interpretar nossa atitude hostil diante da novidade (o apego à ordem estabelecida, o embotamento emocional, o conformismo, o medo de que "a idéia seja roubada", a insegurança, a falta de tempo, de interesse ou dinheiro, o medo da solidão ou o isolamento crônico, o complexo de inferioridade ou de superioridade, a ojeriza à ação, o medo das críticas, o condicionamento da educação etc.). Note-se que todos esses argumentos são negativos.

Acreditamos que a descoberta de relações novas entre as coisas mobiliza energia. E economizamos espontaneamente essa energia ao comparar um objeto insólito com aquilo que já existe. Este comportamento natural age, na maioria das vezes, como um freio em face da novidade.

## Como brincar com as palavras

A linguagem, faculdade que os homens possuem de se comunicar e de exprimir seus pensamentos com signos vocais, nos faz perceber elementos e dar-lhes sentido. Além disso, nos permite tratar uma informação sob seus aspectos simbólicos. A importância da linguagem é tamanha que nos leva a questionar se é possível pensar ou até mesmo perceber sem palavras. Como o hábito, a linguagem condiciona nossa percepção: ao mesmo tempo em que permite dar uma significação àquilo que percebemos, cristaliza nossa percepção e nos impede de perceber espontaneamente as sutilezas daquilo que observamos.

### A palavra e a coisa

Em que você pensa ao ouvir as seguintes afirmações?

- Em dois, não iremos mais rápido.
- Uma vez que tenha partido, não haverá mais nada a fazer
- Freqüentemente é necessário ser paciente.
- As crianças gostam muito disso.
- A conversa raramente é interessante.
- Melhor saber para onde estamos indo!

Estas frases são isoladamente compreensíveis, mas nos dão poucas informações sobre a intenção de quem as proferiu. Trata-se de ditados? De opiniões a serem debatidas? De uma adivinhação? De um manual? De conselhos?

Releia novamente essa parte do texto pensando num elevador. Constataremos, ao longo da leitura, que nossa percepção encontrou um sentido, um filtro coerente para apreciar a pertinência das proposições.

O poder evocador da palavra é, portanto, poderoso; visto que não precisamos representar fisicamente um elevador ou entrar nele para captar o sentido das frases. Em contrapartida, a palavra fixa a percepção; visto que, depois que se percebeu a idéia, fica difícil representar outra coisa além do elevador. Uma palavra pode, assim, nos ajudar a compreender um objeto para melhor percebê-lo, ao mesmo tempo que reduz nossa capacidade de conceber outra coisa.

### Ao longo da pena

Indique o que a palavra pena evoca para você:

---------------------------------------------------------------------------------------------------

Ao perceber a palavra "pena", acionamos em nós um processo de "referenciação", de associação de idéias e lembranças que podem nos levar do escritor ao pássaro, passando pela leveza ou pelo cocar de um chefe indígena.

Você aprendeu que, para desenvolver a capacidade de criar e encontrar soluções, é essencial saber olhar, visualizar e estudar as situações sob diferentes ângulos.

Robin Williams nos explica isso no filme *Sociedade dos poetas mortos*, quando, para grande surpresa de seus alunos, sobe na mesa e diz aos jovens que lá de cima vê o mundo de outra forma. Ele os convida a segui-lo, para que experimentem ver a classe com outros olhos.

É evidente que uma sala de aula pode ser diferente, de acordo com a nossa posição social (professor ou aluno) ou física (sentado na carteira ou em cima da mesa).

Enxergar, perceber o que pode ser melhorado é já um passo em direção à criatividade. Mas, como fazer para levar a reflexão a cabo e encontrar soluções aceitáveis, praticáveis?

Nos capítulos seguintes, forneceremos a você instrumentos metodológicos que o ajudarão a desbravar esse terreno e facilitarão o surgimento de suas idéias.

### Sobre sua nova casa

Ao voltar para casa esta noite, imagine que você está chegando nesse lugar pela primeira vez. Coloque-se na pele de um convidado que não conhece sua casa ou apartamento. O que ele vê? O que ele olha? O que procura? Do que precisa?

Fazendo este exercício, você perceberá a casa, que você conhece perfeitamente, com um novo olhar, e talvez isto lhe dê idéias sobre o que você poderia melhorar sem ter grandes despesas.

## Capítulo 3

# ANÁLISE DA SITUAÇÃO

Já expusemos os princípios que permitem exercitar a criatividade, a busca de novas soluções para fazer frente às mudanças de nosso ambiente.

A aplicação prática das técnicas de criatividade só tem sentido em relação ao exame objetivo da situação, do problema, do conflito ou da insatisfação em questão: O que buscamos precisamente? Por quê? Qual é a situação inicial? De onde vem nossa insatisfação?

É, portanto, indispensável identificar e avaliar a situação para saber o rumo que queremos tomar e, assim, achar uma formulação precisa da questão pesquisada. Com efeito, uma questão bem formulada é o primeiro passo para encontrarmos respostas eficientes. Iremos indicar e explicar neste capítulo as etapas que devem ser respeitadas na elaboração da questão de pesquisa.

As grandes etapas propostas podem ser aplicadas em uma reflexão pessoal, para identificar uma situação, organizar idéias e definir verdadeiros objetivos. Com isso é possível "formular o problema". A coleta e a organização das informações dependem de uma atitude individual, ou seja, de um diálogo íntimo entre "minha preocupação" e "eu". A situação se torna mais complexa quando os interesses em jogo dizem respeito a muitas pessoas e quando as percepções cruzadas se tornam vagas e contraditórias.

Por isso apresentamos um método que permite analisar a situação no interior do grupo, onde as tensões são mais partilhadas do que os pontos de vista. O leitor poderá, assim, simplificar essa metodologia, aplicando-a apenas aos casos que lhe dizem respeito.

## IDENTIFICAÇÃO DA SITUAÇÃO

O ponto de partida para toda busca criativa de soluções é uma disfunção, uma insatisfação, uma irritação, e nosso costume é encarar essa realidade como um "problema". Ora, esse ponto de vista limita nossa percepção. Costumamos colocar o conjunto de recursos, pessoas empenhadas, experiências vividas e resultados positivos registrados numa cápsula negativa que delimita o enunciado de soluções possíveis.

Como você poderá constatar nos exemplos a seguir, o problema é pouco discutido, mal proposto e, às vezes, nem é considerado. Será difícil encontrar soluções eficazes, a menos que o encaremos como um inimigo evidentemente declarado. É, de fato, mais fácil obter um consenso em torno do "não", da rejeição do que não está bom.

Essas disfunções são reais, geram frustrações (impossibilidade de comunicação com tal pessoa ou organismo), dificuldades financeiras (ausência de resultados do time de futebol e, portanto, menos receitas) ou dificuldades sociais (mal-estar dentro da empresa, descontentamento pessoal, ameaça de greve etc.).

Se dedicarmos algum tempo à definição dos termos do problema e das insatisfações ligadas à situação, poderemos extrair pistas que contêm soluções operacionais ou critérios para agir. Finalmente, precisaremos obter o consenso do grupo sobre esse estado de coisas para poder, em seguida, formular a questão de pesquisa.

### Problemas

- O problema é que tudo vai mal na empresa, e precisamos encontrar soluções.
- Meu filho está sempre de mau humor, responde a todos e o tempo todo, o que é insuportável. O que posso fazer?
- Nossa equipe de futebol, há dez anos treinada pelo mesmo técnico, teve duas temporadas péssimas. Isso precisa mudar.
- Estamos procurando no lugar errado. O problema vem da prefeitura, que é incapaz de angariar fundos para isso.

Nosso método permite fazer um diagnóstico aberto e detalhado da situação inicial, para encontrar uma formulação ao mesmo tempo ampla e precisa do campo de pesquisa. Isso significa desenhar os contornos do conflito, que nos indicam as pistas a explorar por meio de técnicas criativas.

Esta fase de identificação do problema provém de uma metodologia que chamaremos de "META" (M de mobilização, E de Expressão do grupo, T de Triagem de idéias e A de Áreas, eixos de trabalho).

**O método META**

| | | Objetivos: | |
|---|---|---|---|
| Divergência | M | **Mobilização** | • da energia das pessoas empenhadas<br>• do interesse pelo assunto |
| | E | **Expressão** | • dos riscos inerentes à situação<br>• das principais dificuldades e pistas de soluções |
| Convergência | T | **Triagem** | • dos elementos-chave da situação<br>• das pistas de pesquisa |
| | A | **Áreas** (eixos) | • a explorar com prioridade<br>• a formular em forma de questões de pesquisa |

Este método consiste em nos colocar, num primeiro momento, em fase de divergência até a expressão das idéias e, num segundo momento, nos fazer convergir para fazer a triagem e formular a questão de maneira simples, objetiva e realista.

Constatamos assim que a frase do quadro seguinte exprime um problema. Expõe uma situação insatisfatória, contém uma solução, mas não propõe nenhum diagnóstico organizado da situação. Ao limitar a busca de soluções na expressão do problema, um só caminho (convergente) se impõe: mudar, ou seja, trocar o técnico.

> **INSATISFAÇÃO**
>
> "Nossa equipe de futebol, há 10 anos treinada pelo mesmo técnico, teve duas temporadas péssimas. Isso precisa mudar."

## "ESCANCARANDO" O PROBLEMA

Um trabalho preliminar de reflexão criativa torna-se, então, necessário para que, em função dos riscos, do contexto e dos objetivos, a questão proposta obtenha a concordância das pessoas encarregadas de trazer soluções. "Escancaremos" o problema para melhor captá-lo e delimitá-lo com a ajuda do método META.

### A mobilização

Esta primeira etapa do método deve permitir às pessoas envolvidas mergulhar completamente no tema, provocando uma reflexão. A fase de mobilização consiste em fazer com que cada participante seja informado dos fatos relevantes e decida contribuir para a construção de um quadro completo do problema. Sabemos que uma definição objetiva do tema fornece pistas para a busca de soluções. Assim, mobilizar indivíduos e motivá-los a refletir é essencial para encontrar a formulação de uma questão de pesquisa que seja unânime e compreendida por todos.

Para esclarecer a situação e mobilizar as pessoas dispostas a ajudar na resolução do problema, é importante respeitar um mínimo de regras, que são:

- reunir todos os dados disponíveis;
- constituir o grupo de reflexão;
- iniciar a reunião com um "gancho" que incite os participantes a dar suas opiniões.

**QUEM SE INTERESSA?**

Imagine que você é um jogador de vôlei ou tênis. Você está realmente interessado nos maus resultados do time de futebol? Seria você o interlocutor certo? Ao mesmo tempo, você teve épocas de desempenho ruim ou medíocre? Qual seria a causa? Que papel desempenharam o técnico, o público, os amigos na melhoria de seu desempenho? Como se desencoraja alguém? Como se encoraja?

## Delimitar a situação inicial

Eis aqui uma série de questões às quais é preciso saber responder para delimitar a situação inicial e chegar ao cerne do descontentamento.

**QUEM EXIGE BONS RESULTADOS?**

Várias possibilidades: a prefeitura que o subvenciona, o técnico, os pais do jogador, os próprios jogadores etc. Esta resposta é fundamental, pois a questão de pesquisa será formulada de maneira diferente, dependendo da função do indagador.

- **O indagador**

Quem faz a pergunta? Qual é seu grau de responsabilidade? Por que está fazendo esta pergunta? Qual é seu interesse em fazê-la? Em que isso lhe diz respeito?

- **As pessoas interessadas**

A quem diz respeito este problema? Quem tem algo a dizer? Quem conhece o contexto? Quem já tentou encontrar soluções nessa área?

- **A situação**

Quais são os fatos? É importante distinguir os fatos das opiniões, dos sentimentos e dos julgamentos ou hipóteses, e verificar o que já foi feito para tentar solucionar o problema.

As respostas a essas questões são fundamentais para constituir o grupo de reflexão e preparar a apresentação dos fatos em questão.

**Os interessados**

Neste caso preciso, a prefeitura, os jogadores, os pais dos jogadores, os sócios do clube de futebol, os torcedores e o técnico têm interesse na solução do problema. Pode-se igualmente pedir a pessoas de outros clubes ou de outros horizontes que dêem sua opinião para solucionar o problema.

**A situação**

Quantas partidas foram perdidas? Quando foi a última vitória? Quem são os novos jogadores? O que mudou? Já passamos por essa situação antes? O que foi feito? Tentativas de reerguimento estão em curso? Se sim, quais? Visando quais resultados?

**Tenho um problema**

Pense em algo que o perturbe em seu cotidiano e siga o mesmo raciocínio. Pode ser uma situação ligada a sua atividade profissional, amorosa, esportiva ou referente a sua família.

**A constituição do grupo de reflexão**

O grupo se define pelas respostas às questões do indagador e pelas pessoas interessadas. Os participantes devem se reunir para fazer um balanço do problema a partir de uma questão teste, cuja função é mobilizar a atenção de todos. Se você quiser, poderá dividir seu grupo em subgrupos e propor perguntas diferentes a cada um, ou ainda organizar várias sessões.

**A qualidade da reflexão em grupo**

Esta dependerá em parte do mediador e de sua maneira de apresentar os fatos. É importante que este não se posicione diretamente nas decisões. Na medida do possível, ele deve permanecer neutro nos conflitos que surgirem. Seu trabalho consiste em apresentar a situação, para que as pessoas concordem em definir pistas de pesquisa.

Esta função é delicada, pois todas as frustrações, soluções prontas ou opiniões contraditórias se mesclam no início da reunião. Cada um tem sua idéia sobre a questão, e sobretudo respostas imediatas para que a situação mude. Também é possível que haja interesses divergentes.

### Interesses divergentes

O técnico acha que seu esforço não foi recompensado na época em que sua equipe tinha bons resultados. Segundo ele, a administração municipal impõe muitas condições às suas iniciativas e, assim, com procedimentos mesquinhos, impede o funcionamento do clube. Na opinião dele, os treinos deveriam ocorrer às segundas e quintas à noite, e não às sextas, quando a maioria dos jogadores não está disponível.
O secretário de esportes acha que é necessário desenvolver outras atividades além do futebol. Ele mesmo gosta de tênis e acha que o clube de tênis oferece mais vantagens aos cidadãos.

O mediador deve, então, introduzir o tema respeitando certas etapas, o que atesta sua neutralidade e suas boas intenções. A situação deve ser exposta de maneira factual e objetiva.

### Abertura

"Bom dia e obrigado por dedicarem um momento dessa noite para discutir a situação do time de futebol da cidade.
Como vocês sabem, eu mediei os encontros departamentais durante 15 anos, e aceitei participar desta reunião a pedido de Jean-Luc, que é técnico do time há mais de dez anos. Já entrei em contato com alguns de vocês para ter uma idéia da condição atual do clube, e agora preciso das suas opiniões para avaliar objetivamente a situação.
Vocês todos concordaram em vir; o que indica interesse e preocupação com o futuro deste time. Nossa reunião deverá servir para fazer um balanço objetivo, e cada um poderá exprimir livremente sua percepção.
Eu gostaria, para começar, de lembrar alguns elementos factuais de que certamente vocês têm conhecimento... (segue-se uma apresentação neutra: data de criação, orçamento anual, títulos conquistados, nomes dos atuais responsáveis etc.).
Há 2 anos, de 70 partidas disputadas, ganhamos 8, empatamos 12 e perdemos 50."

A seguir, é necessário retornar ao problema e mobilizar os participantes para que eles aceitem refletir conjuntamente.

Qualquer que seja o "gancho" inicial, o processo pode ser conduzido segundo alguns princípios básicos. O mediador deve propor uma questão teste aos participantes e deixar que se exprimam por escrito, de maneira resumida, sobre um *post-it.* Este exercício tem tempo de duração limitado (entre 45 e 60 minutos).

**O "gancho" proposto deve:**

- Provocar e envolver os participantes (sem bloqueá-los).
- Direcionar-se a suas experiências e opiniões, sem exceder suas competências.
- Ser aberto e permitir várias respostas, sem ser muito genérico nem muito vago.

### Proposição

Agora irei distribuir a cada um de vocês uma borracha, que lhes permitirá responder à questão escrita no quadro: "Os resultados do clube de futebol podem ser melhorados?" Eu pedirei que cada um venha responder individualmente à questão proposta, colocando a borracha sobre a caixa que reflete melhor a sua opinião (uma caixa indica "sim" e a outra "não").

(...)

Das 11 pessoas presentes, 2 responderam "não", e 9, "sim". Iremos nos fixar, para começar, ao "sim".

Eu distribuirei a cada um 2 *post-it*. Sobre cada um vocês devem indicar o que os faz pensar que os resultados podem melhorar. Todas as respostas são aceitáveis. Peço somente para exprimi-las de forma breve, em uma só frase.

A mobilização se apóia no fato de que cada um pôde dar uma primeira opinião sobre a questão e de que os votos minoritários ou marginais foram levados em conta. É evidente que a questão teste, que desencadeia o debate, será formulada em função da responsabilidade e do empenho do(s) indagador(es). É possível partir de uma questão que incentive os participantes a dar uma opinião, mas que não seja necessariamente nem sim, nem não.

Nesse caso, as respostas dadas serão mais complexas.

O tratamento das respostas deve se dar de maneira aberta, o que consiste em ler todas as colocações, uma após a outra, pedindo, se necessário, algum esclarecimento.

### Questões

Retomemos o exemplo de nosso clube de futebol. Eis algumas questões que podem ser propostas:

- Qual seria para você o clube de futebol ideal?
- Qual seria para você o clube de futebol mais catastrófico?
- Qual seria para você a melhor equipe de futebol?

### Respostas a uma questão

Qual seria para você uma situação ruim para a equipe e o clube?

- Jogar diante de um estádio vazio.
- Perder todas as partidas.
- Brigar com os torcedores.
- Fazer o contrário do que manda o técnico.
- Desviar dinheiro.
- Comprar o árbitro.
- Discutir com os jogadores.

**A expressão**

O debate não deve ocorrer diretamente entre os participantes da reunião: o mediador é que deve organizá-lo, convidando cada indivíduo a se exprimir por escrito. Este procedimento garante a liberdade de expressão, já que todas as opiniões são levadas em conta, registradas e afixadas sobre um quadro, de forma que fique visível para os outros.

Retomando o exemplo da equipe de futebol, o mediador coleta as respostas de cada um. Ele as lê em voz alta, após receber a aprovação dos presentes e, se necessário, as coloca no quadro. Caso o grupo peça mais detalhes, ele propõe a todos a questão: "Como podemos tornar tal frase mais precisa?". O autor da frase não é obrigado a responder; os que desejarem, poderão acrescentar algum detalhe que a esclareça. O mediador cuidará para que não haja trocas diretas entre os participantes e acrescenta os detalhes sobre a frase inicial. Em seguida, relê a frase completa e a coloca no quadro.

### Mediando a expressão

**Mediador:** Leio: "A equipe não tem dinheiro para os deslocamentos". Essa formulação é clara para todos?

**Participantes:** Sim.

**M.:** Vou colocar, portanto, o *post-it* no quadro.

**M.:** Leio: "Não há empenho suficiente". Está claro para todos?

**P.:** Não, não vejo de que empenho se trata.

**M.:** Quem pode precisar o sentido do termo "empenho"?

**P.:** Penso que a falta de empenho é geral. Não há motivação suficiente da parte dos jogadores, da prefeitura, dos torcedores. Devemos todos nos virar sem apoio.

**M.:** Bem. Trata-se de uma falta geral de mobilização? Isso esclarece o sentido da frase para todos?

**P.:** Sim.

**M.:** Acrescento, então, um outro *post-it* diante deste para tornar a frase mais precisa.

À medida que as idéias vão sendo expressadas, surgem comparações (redundâncias ou similaridades). O mediador pergunta se todos estão de acordo em colar um *post-it* ao lado de outro, ou outros, que contém a mesma idéia. Se há discordância, mesmo que mínima, ele coloca o *post-it* num outro local do quadro, que constituirá uma nova rubrica de argumentos.

### Concordância

**Mediador:** Leio: "A prefeitura não se empenha bastante do ponto de vista financeiro". Está claro para todos?
**Participante:** Não concordo. A prefeitura destina cem mil reais por ano ao clube e todos sabem que não se pode fazer mais...
**M.:** Vocês terão a oportunidade de exprimir suas opiniões contra ou a favor após termos feito a classificação de todas as idéias. No momento, a frase que indiquei parece formulada de forma clara?
**P.:** Sim...
**M.:** Todos pensam assim?
**P.:** Sim.
**M.:** Vocês concordam que eu coloque este *post-it* perto da idéia precedente "falta de mobilização geral"?
**P.:** Não, acho que deve ficar à parte. A participação financeira é um tema diferente. Não a colocaria com a mobilização geral...
**M.:** OK. Vou colocar o *post-it* aqui. Leio: "O orçamento do clube não é muito alto". Está claro para todos? Vocês concordam em colocar o *post-it* diante de "... não se empenha bastante do ponto de vista financeiro"?
**P.:** Sim.

## A triagem

Na fase precedente, você deixou os participantes divergirem, exprimirem suas opiniões e, em certos casos, dar livre curso à imaginação.

Ao final do período que você tiver estipulado para a expressão de idéias, releia todos os *post-it* em voz alta. Com a ajuda dos participantes, você pode dar início a comparações, além daquelas que foram feitas espontaneamente.

Em seguida, é preciso escolher um título que resuma a preocupação central dos *post-it* que foram colocados juntos. Ou então circular todas as frases que tratam do mesmo tema e propor a utilização de um cartão maior para anotar a idéia principal em letras grandes.

Quando as idéias forem divididas por temas no quadro, você poderá retornar à questão inicial e pedir a cada participante que coloque duas ou três borrachas sobre as caixas com os temas que devem ser explorados prioritariamente. Este voto permite identificar as grandes áreas (eixos) sobre as quais os esforços criativos devem se dirigir para mudar a situação.

**ESCOLHA DOS TEMAS**

Na equipe de futebol, talvez se destaquem os seguintes temas:
- Os equipamentos inadequados
- Os recursos
- O recrutamento de jogadores.
- A comunicação entre:
  - os jogadores e o técnico;
  - os jogadores e o clube;
  - os jogadores e os torcedores;
  - o clube e a administração pública.

**As áreas (eixos) de reflexão**

Nesse estágio, torna-se fácil destacar as grandes áreas (eixos) necessárias para propor a questão de pesquisa.
- os grandes temas que parecem importantes em todas as suas dimensões;
- os argumentos minoritários e majoritários que pesam na representação geral e comum da situação.

**QUESTÃO**

Eis aqui uma questão que pode ser proposta a um grupo de criatividade sobre a equipe de futebol:
Como fazer para que os torcedores assistam a todos os jogos?

O exame de todos esses elementos revelará pistas que devem ser examinadas para fazer evoluir a percepção da situação e aperfeiçoar a formulação da questão tratada. Esta última parte depende evidentemente dos objetivos perseguidos pelo responsável nessa questão.

## OBJETIVOS CORRETOS

Antes de propor a questão de pesquisa para a fase de criatividade, é importante conhecer os objetivos perseguidos pelas partes interessadas, já que estas determinam a orientação da questão. Esses objetivos devem ser expressos de forma simples, devem ser mensuráveis, acessíveis e realizáveis no tempo, devem ser SMART (Simples, Mensuráveis, Acessíveis, Realizáveis no Tempo).

**OBJETIVO SMART**

"É necessário que o desempenho de nossa equipe de futebol melhore" não é um objetivo SMART. Com efeito, não fixamos nem prazo para obter esse resultado, nem podemos medir quantitativamente o nível de melhoria. Enquanto essas duas noções permanecerem vagas, o problema continuará inteiro.
"Temos 6 partidas até 30 de junho.

(*continua*)

### OBJETIVO SMART *(continuação)*

Dessas 6, precisamos ganhar 4 se quisermos continuar nessa divisão."
Neste caso, temos um objetivo SMART:
• simples e mensurável: ganhar 4 jogos em 6;
• realizável no tempo: antes de 30 de junho;
• envolvente, pois dele depende a continuação nessa divisão, o futuro do clube.

Quando as pistas a serem exploradas surgirem claramente no quadro, você poderá convidar o grupo a anotar alguns critérios de sucesso nos *post-it*. Estes permitem validar a pertinência dos temas indicados e avaliar o que seria uma situação ideal.

### INDICADORES

Após a reunião, um dos temas recebe uma boa parte dos votos: a participação dos torcedores. O mediador pode perguntar ao grupo quais são os indicadores que permitiriam saber como este ponto pode ser melhorado.
Cada um anota sobre um *post-it* alguns exemplos concretos:
• as pessoas telefonam segunda-feira para saber o resultado da partida;
• os torcedores renovam espontaneamente o título de adesão;
• os torcedores buscam patrocinadores para o clube e fazem contatos regularmente.

Estes critérios permitirão avaliar a eficácia de ações que poderiam ser empreendidas nessa área.

Após a reunião conduzida pelo método META, o mediador deve propor um relatório que destaque os argumentos trocados e os temas que necessariamente devem ser explorados para que a situação mude. Na prática, poderá deixar ao administrador as conclusões operacionais sob a forma de uma ou mais questões de pesquisa.

Estas questões, formuladas segundo as regras que descreveremos mais adiante, poderão ser examinadas numa reunião em que os participantes definirão um plano de ação completo para melhorar a situação e resolver o problema. O desvio efetuado pelo nosso método terá permitido ampliar e circunscrever o terreno a ser explorado, sobrepondo-se ao enunciado negativo que "reprime" o problema debatido, "asfixiando" a criatividade.

# A QUESTÃO DE PESQUISA

Trabalhar a partir de uma questão clara, precisa e pertinente, em vez de uma questão longa, confusa ou repleta de julgamentos de valor, é uma grande contribuição para o desenvolvimento da criatividade.

A eficácia do percurso criativo depende da formulação da questão de pesquisa.

**Características da questão pesquisada**

Uma questão de pesquisa bem formulada deve:

- colocar o tema em termos de ação: “como fazer para”;
- ser positiva;
- permitir a localização de várias pistas;
- envolver as pessoas interessadas.

## Como encontrar uma solução melhor

A partir das características citadas acima, o que você pode dizer em lugar de:

**Q1:** Isso não está bom. É preciso mudar. Estou cansado de chegar atrasado ao escritório, de agüentar as broncas do meu chefe, não sei mais o que fazer...

**Q2:** Ninguém me ajuda nesta casa, não saio mais, não tenho mais tempo para nada. A culpa é de todos vocês!

**Q3:** O serviço de atendimento telefônico da empresa é lamentável. Os clientes reclamam. Será que não podemos encontrar uma solução?

**Q4:** Nessa associação esportiva, são sempre os mesmos que fazem alguma coisa. Aos outros não se pode pedir nada. Se continuar assim, vou pedir demissão da presidência. Não vejo outra solução.

**Exemplos de reformulações:**

**R1:** Certamente há uma solução para que eu chegue na hora ao trabalho. O que devo fazer? (reflexão individual).

Você se dirige a seu chefe: Que soluções podemos colocar em prática para que de manhã eu comece meu trabalho na hora certa? Preciso de sua ajuda (reflexão coletiva).

**R2:** Reflitamos juntos sobre os meios que nos permitirão viver com mais tranqüilidade em casa.

**R3:** Como podemos fazer, que soluções podemos encontrar para melhorar o serviço de atendimento telefônico da empresa?

**R4:** Como fazer para incitar os membros de nossa associação a participarem mais ativamente de nossas atividades?

## Termos de ação: "como fazer para"

Encontrar uma solução para um dado problema é encontrar respostas concretas, operacionais e realizáveis.

Pense na formulação dos problemas matemáticos.

"Qual é a quantidade necessária de água para encher uma banheira, se sabemos que ela tem 80 cm de altura, 70 cm de largura e 140 cm de comprimento?"

Esta formulação é clara, nítida e precisa. O professor espera uma e só uma resposta. Por outro lado, deixa pouca margem para a criatividade...

Imaginemos que o professor esteja com vontade de se divertir. Com essa formulação, ele dá às pessoas a possibilidade de responder outra coisa além de um simples resultado matemático. Os alunos podem propor soluções espantosas ao responder à questão. Notemos que a nova redação não demanda uma resposta com números, mas um método. Portanto, não se trata mais do mesmo problema nem do mesmo objetivo pedagógico evocados na questão precedente.

**Outro enunciado**

"Como fazer para encontrar a quantidade de água necessária para encher uma banheira de 80 x 70 x 140 centímetros?"

**Possíveis caminhos**

- Para encontrar a quantidade de água necessária, colocar a banheira no pátio e esperar que chova. Escolher de preferência uma região com altos índices pluviométricos.
- Perguntar ao fabricante da banheira, ele deve saber.
- Se dispusermos de tempo, pegar uma garrafa vazia de um litro, enchê-la de água e esvaziá-la na banheira. Assim, o número de garrafas necessárias corresponderá ao número de litros.

Agora é a sua vez de encontrar outras respostas...

Em criatividade, é importante propor a questão pensando em "como fazer para", já que se trata de soluções que poderão ser colocadas em prática.

Essa regra formal permite manter sempre presente que o trabalho visa à realização de projetos concretos.

Esta formulação é preferível à dos temas redigidos a partir de uma constatação ou de um problema ("o ambiente em casa é insuportável, quando nos vemos é para brigar"). Em cada caso, é desejável converter os termos estáticos da questão, propondo uma expressão dinâmica e reativa.

## A FORMULAÇÃO POSITIVA

Formular uma questão de maneira positiva é partir do princípio de que ela tem solução. Para que o grupo ou o indivíduo se mobilizem em busca de soluções, é essencial formular a questão de uma maneira positiva.

Na construção da frase, devemos usar expressões positivas. Às vezes é necessário converter os termos de uma questão direta ou indiretamente negativos, propondo uma solução voltada para a ação.

### Falar no presente ou no infinitivo

O presente é o tempo da ação. Tratamos das soluções agora, imediatamente.

O infinitivo é a forma que se utiliza para imaginar "o fazer", no caso de levar certamente à ação.

O futuro, quando não é precisado por uma data, também pode deixar margem para a incerteza.

O passado é o tempo que se liga à constatação, mais que à ação. Se você utiliza o passado, parte do princípio de que a questão está determinada. Este tempo pode ser empregado ao final de um método criativo, mas deve ser evitado ao propor a questão.

#### FLEXÕES VERBAIS

**No infinitivo:** Como fazer para passar férias originais, diferentes daquilo que costumamos fazer?
**No futuro:** Buscaremos soluções para passar férias originais.
Ah, sim! Quando?
**No passado:** Procurávamos soluções para saber como fazer para passar férias originais.
Ah, sim! Quais?

### Eliminação das fórmulas negativas

A formulação negativa direta ou indireta é desaconselhada. "Por que não tentar?"; "Como evitar que..."; Como não se deixar levar..."; enfatizam a *priori* a impossibilidade de resolver a questão.

#### Transformação

Transforme estas orações em expressões positivas:
**1.** "Não poderíamos encontrar uma solução para melhorar o atendimento na empresa?"
**2.** "Vocês não podem me ajudar a encontrar idéias?"
**3.** "Você não quer ajuda?"

(*continua*)

### Transformação (*continuação*)

**Exemplos de expressões positivas:**

1. "Como podemos melhorar o atendimento de nossa empresa? Ajude-me a encontrar uma solução."
2. "Vocês podem certamente encontrar idéias para...".
3. "Vou ajudá-lo a...".

**O que você acha?**

As expressões positivas são mais simples e requerem menos palavras: são, com certeza, mais dinâmicas, mais eficazes e, ainda, orientam em direção à busca de soluções.

**Empregando termos positivos**

Jean-Didier Vincent, em seu livro *La biologie des passions* (A biologia das paixões, Paris, Odile Jacob, 1986), explica que uma atitude positiva provoca uma descarga hormonal de luliberina no hipotálamo. Este hormônio desencadeia no indivíduo comportamentos positivos. Da mesma forma, o emprego de palavras e expressões de conotação negativa provoca uma descarga de adrenalina que pode gerar um estado de espírito negativo.

## Das pistas ao plural

Para favorecer a produção de idéias, é importante que o grupo ou o indivíduo sinta, desde a propositura da questão, que pode haver várias respostas possíveis e que um campo de investigação está aberto.

**A questão aberta**

Este tipo de questão, desde seu enunciado, induz a idéias de resolução. É um excelente meio de fazer progredir a pesquisa. Como seu nome indica, abre o leque de possibilidades.

**A questão plural**

A questão deverá recorrer à forma plural para abrir o campo de reações

### Questão positiva

A questão: "Após terminar o ensino médio, meu filho pode cursar medicina ou veterinária. O que escolher?", deve ser proposta da seguinte maneira: "Como fazer para dar a orientação certa para o meu filho após o ensino médio?"

### Uma questão de formulação...

Reflita sobre uma questão que o preocupa neste momento e formule-a sob a forma de questão aberta e plural.

dentro do grupo. Devemos nos questionar sobre "como desenvolver as vendas" ou "como conquistar os clientes", em vez de "a venda" e "a clientela". Propostas no plural, a percepção das soluções fica ampliada.

## O ENVOLVIMENTO DAS PESSOAS INTERESSADAS

A questão de pesquisa deve mobilizar o grupo durante todo o tempo do trabalho. A formulação deve, portanto, valorizar a participação dos atores, e colocar a energia do grupo a serviço da produção de idéias coletivas. A questão deve fazer referência explícita ao interesse de todos, por meio da utilização de pronomes pessoais ou possessivos da 1.ª pessoa do plural, que realçam nosso envolvimento na busca de soluções, mais do que termos como "eles" ou "deles".

### QUESTÕES BEM FORMULADAS

- Como nos comunicar com os clientes?
- Como interessar os membros de nossa associação?
- Como encontrar soluções para melhorar nossa qualidade de vida?
- Como tornar conhecidos os nossos produtos e serviços?
- Como desenvolver nossas atividades?

Esta precaução permite lembrar ao grupo constituído, se preciso, que ele está apto a encontrar soluções, e que isso é de sua competência e responsabilidade.

## SÍNTESE

Eis um tema de partida que poderia ser assim escrito: "As informações referentes à vida familiar de Cristina".

### Uma questão familiar

Cristina constata que as informações que ela transmite ao marido ou aos filhos são, na maioria das vezes, esquecidas ou mal interpretadas.
Ela se queixa por sempre ter de repetir o que diz, enquanto os outros membros da família se queixam de nunca estar a par de nada.
Após refletir, verificamos que Cristina não verifica se as informações que passa foram compreendidas, elas diz alguma coisa quando lhe é conveniente.
A partir de qual questão de pesquisa esta família pode encontrar soluções?

O tema aparece a partir da ação: "Como fazer para que sejam conhecidas?"

**Positivamente:** "Como melhorar a percepção (compreensão, ação) da informação sobre o funcionamento da vida familiar comunicada por Cristina?"
**No plural:** "Como melhorar a percepção (compreensão, ação) das informações, mensagens e obrigações sobre o funcionamento da vida familiar comunicadas por Cristina?"
**Apropriação:** "Como melhorar nossa percepção (compreensão, ação) das informações, mensagens e obrigações sobre o funcionamento da vida familiar que nos interessam e são comunicadas por Cristina?"

Esta última formulação satisfaz a todos os critérios evocados. Ao ouvir a questão, cada um poderá emitir um juízo ou idéias a respeito, além de dizer quais informações lhe dizem respeito e lhe interessam.

### Um caso de memorandos

O diretor de comunicação de uma empresa constata que as informações difundidas internamente por meio de memorandos chegam em más condições a seus destinatários, que se queixam de não terem sido corretamente informados. Ao longo de uma reunião, ele destaca que os documentos ou não são lidos, ou são endereçados a destinatários errados. A partir de que questão de pesquisa podemos conduzir um grupo de criatividade?

Se retomarmos os critérios precedentes, o tema de partida pode ser assim resumido: "Os memorandos".
**Em termos de ação:** "Como fazer para que sejam lidos?"
**Positivamente:** "Como melhorar a distribuição dos memorandos?"
**No plural:** "Como melhorar os circuitos de distribuição dos memorandos?"
**Apropriação:** "Como melhorar a distribuição de nossos memorandos?"

Esta última formulação satisfaz todos os critérios evocados. Ao ouvir a questão, cada um poderá dar uma opinião.

### Uma questão de moda...

A formulação da questão está também ligada ao fenômeno da moda. As palavras que utilizamos dependem da atualidade, do contexto econômico e político em que evoluímos e de nossos hábitos lingüísticos.

Citaremos a formulação do mesmo problema matemático ao longo de 30 anos de reformas sucessivas dos programas de ensino.

**Ensino anos 1960:** Um camponês vende um saco de batatas por 100 cruzeiros novos. Seus custos de produção sobem 4/5 do preço de venda. Qual é seu lucro?

**Ensino tradicional 1970:** Um camponês vende um saco de batatas por 100 cruzeiros. Seus custos de produção sobem 4/5 do preço de venda, ou seja, 80 cruzeiros. Qual é seu lucro?

**Ensino moderno 1970:** Um camponês vende um conjunto B de batatas por um conjunto M de moedas. O cardinal do conjunto M é igual a 100 cruzeiros, e cada elemento M vale 1 cruzeiro. Desenhe 100 bolinhas representando os elementos do conjunto M. O conjunto C de custos de produção compreende 20 bolinhas menos que o conjunto M.

Represente o conjunto C como um subconjunto de M e responda à questão seguinte: Qual é o cardinal do conjunto B dos lucros (desenhe em vermelho)?

**Ensino renovado 1980:** Um agricultor vende um saco de batatas por 100 cruzados. Os custos de produção sobem a 80 cruzados e o lucro é de 20 cruzados.

Tarefa: Sublinhe as palavras "batatas" e discuta-as com seu colega.

**Ensino renovado 1990**: Um camponez kapitalista privilejado enriquesse injustamente de 20 reais sobre um saco de batatas. Analise o texto e procure os erros de conteúdo e de gramática, de ortografia e de pontuação. A seguir diga o que pensa desta maneira de enriquecer.

## Traduzir sem trair...

Aqui está uma lista de palavras ou expressões negativas. Traduza-as para frases positivas, que incentivem a busca de soluções.

1. Você vai ver, não haverá problema para encontrar uma solução.
2. Veremos o que podemos fazer para ter idéias.
3. Podemos talvez encontrar idéias para nos organizar de forma diferente... E se nós refletíssemos?
4. Não sei como fazer, mas precisamos encontrar uma resposta.
5. Não, afinal de contas, talvez... Isso deve poder ser feito... Mas...
6. Isto não vai durar muito.

**Traduções possíveis:**

1. Fique tranqüilo, nós simplesmente (ou facilmente) encontraremos uma solução juntos.
2. Procuremos as idéias juntos para saber como fazer para... Com certeza nós obteremos um resultado.
3. Reflitamos juntos e encontraremos soluções para nos organizar melhor.
4. Como fazer para encontrar uma resposta a esta questão? Juntos, podemos encontrá-la, isso é certo!
5. Sim, é claro, é possível... veja como...
6. A solução que encontrarmos juntos nos fará ganhar tempo. Então, ao trabalho!

# Parte II

# Como encontar idéias novas

# CAIXA DE FERRAMENTAS

Descobrimos, ao ler a primeira parte, que os princípios que ativam o processo criativo devem ser buscados dentro de cada um de nós. As atitudes criativas, a percepção ou o inconsciente são recursos individuais aos quais devemos estar atentos para pôr em prática a criatividade. Entretanto, utilizar métodos concretos que desenvolvam e otimizem esse processo também é muito útil.

A segunda parte desta obra é, portanto, o momento de abrir uma "caixa de ferramentas", composta de diferentes conceitos e metodologias, que melhoram a produção de idéias, ou seja, a transformação dos elementos que ocupam nosso espírito no momento em que nos debruçamos sobre um caso a resolver.

Da mesma forma que o encanador escolhe uma chave inglesa, uma chave de fenda ou um maçarico ao longo das diferentes etapas de seu trabalho, cada um de nós pode utilizar essa caixa de ferramentas para desencadear a reflexão, representar idéias ou explorar uma nova área de pesquisa.

Assim, as técnicas apresentadas tratam de temas de diferentes naturezas e correspondem a momentos distintos do processo criativo.

## A VARIEDADE DOS CAMPOS DE APLICAÇÃO

As diversas ferramentas do "criativo" nos permitem encarar temas de investigação muito variados. De fato, é possível trabalhar com:

- **Objetos** (ferramentas, utensílios domésticos, móveis etc.). A vantagem dos objetos é que eles podem ser facilmente descritos. É possível detalhar os elementos que os compõem e as funções que desempenham. Assim, o resultado de sua utilização é concreto e evidente. Podemos nos perguntar, por exemplo, como melhorar um secador de cabelo, um par de esquis, um ventilador, a aderência de um pneu ou o lacre de uma caixa de bolachas.
- **Idéias, conceitos, representações simbólicas**. Neste nível de abstração, os instrumentos também podem nos ajudar a tornar visíveis e racionais os sistemas de representação que, originalmente, nos parecem va-

gos ou difíceis de partilhar. As ferramentas da criatividade se destinam, portanto, a dar forma a representações, explorar terrenos de investigação puramente conceituais. Como criar um logotipo? Como agregar valor a uma marca? Como formular em poucas palavras um projeto pessoal ou de empresa? Qual o significado do termo "qualidade" para um grupo de consumidores?

- **Procedimentos, dispositivos, processos.** Neste grupo, as ferramentas da criatividade permitem classificar, hierarquizar, representar, aprofundar e otimizar os processos. Os instrumentos são, portanto, aplicáveis no campo da organização, para inventar ou detalhar formas de uso, seqüências, protocolos de experimentação ou fazer modificações sobre determinada parte do procedimento. Como organizar o fluxo de tráfego da cidade? Como melhorar seus métodos de trabalho? Como finalizar um relatório de pesquisa científica?

## A UTILIZAÇÃO DAS FERRAMENTAS DURANTE AS QUATRO FASES DO PROCESSO CRIATIVO

Pudemos ver que a criatividade se desenvolve seguindo um percurso em quatro fases: preparação, incubação, iluminação e verificação. Em qualquer que seja o tema tratado, a criatividade corresponde a um processo que compreende momentos distintos e complementares. É possível utilizar a caixa de ferramentas em cada fase, visto que a passagem de uma a outra raramente é automática ou cronometrada. A iluminação pode, por exemplo, se iniciar após uma fase de incubação limitada, desde que uma ferramenta tenha sido utilizada de forma pertinente na fase de preparação. No entanto, esses instrumentos terão alcance diferente dependendo do momento da seqüência:

- **na fase de preparação**, as ferramentas permitem delimitar melhor o terreno de investigação, dar forma aos elementos do problema, propor o tema de forma original e trazer de volta um ponto que havia sido negligenciado ao longo de análises tradicionais;
- **na fase de incubação**, elas permitem "temperar", misturar e colocar em movimento os componentes de uma situação. Facilitam, assim, o aparecimento de novas formulações, de novos contextos, e permitem encarar a questão pesquisada sob um ângulo diferente;

- **na fase de iluminação**, as ferramentas facilitam o aparecimento de soluções: um elo que faltava num raciocínio ou uma área (eixo) suplementar numa representação poderão surgir mais facilmente, já que os instrumentos evidenciam novas pistas para responder à questão de pesquisa;
- **na fase de verificação**, as ferramentas permitem colocar a idéia em prática, explicar, convencer. Será mais fácil comunicar o produto de seu trabalho e concretizá-lo utilizando metáforas, esquemas de síntese ou representações originais. As ferramentas têm, neste caso, um valor pedagógico.

Concluindo: O modo de usar estes instrumentos pode ser reduzido à expressão mais simples: utilizando-os! É verdade que eles não foram ordenados em compartimentos, com instruções de uso especiais; mas devem ser concebidos, combinados e associados em função das necessidades, preferências e situações que vivemos. É preciso, portanto, utilizá-los ao pé da letra, sobretudo dentro desse espírito empreendedor.

## Uma caixa de ferramentas curiosa

Duas cordas foram fixadas no teto de uma grande caixa. Elas estão muito afastadas para que possamos pegar uma, segurando a outra. Dispomos de um martelo, um telefone e uma tesoura.
Com os utensílios disponíveis, como podemos juntar as extremidades das duas cordas?
Podemos ligar para um amigo criativo; ou utilizar o fio de telefone para alongar a corda mais curta. Ao pregar qualquer dos utensílios, podemos colocar a corda em movimento, como um pêndulo, e pegá-la sem largar a outra. E, finalmente, é possível cortar uma das cordas com a tesoura e pregá-la novamente no teto quando estiver amarrada à extremidade da outra corda.

# Capítulo 4

# COMBINAÇÃO DE IDÉIAS

Neste capítulo, iremos expor os princípios dos métodos combinatórios, que permitem sistematizar o surgimento de vínculos entre diferentes campos de pensamento, representações que a *priori* parecem distantes ou independentes. Estes procedimentos são largamente utilizados na área de marketing e de estratégia, e também podem ser aplicados em situações corriqueiras.

Mas antes de criar esses vínculos, de combinar as idéias (dispor, reunir, organizar numa certa ordem e com um fim definido previamente), é necessário decompor a situação. É importante, portanto, fazer um inventário, uma descrição detalhada dos elementos que definem o problema a ser resolvido, para destacar os pontos que merecem ser melhorados.

Nos propusemos, então, a mostrar diferentes ferramentas de criatividade que podem ser aplicadas para gerar novas soluções.

## DECOMPOSIÇÃO DE ELEMENTOS

O *concassage* é um método que consiste em modificar um objeto (ou situação) a partir de transformações sistemáticas: diminuir, aumentar, transpor, transformar, inverter, alargar, esconder, afastar, colorir, escurecer, simplificar. A idéia é encontrar para esse objeto novas aplicações e utilizá-lo de uma maneira inovadora.

Mas as transformações induzidas pelo método do *concassage* necessitam de uma decomposição primária do objeto ou da situação em questão. É necessário, portanto, num primeiro momento, analisar o valor do problema, por meio de uma análise "defeitológica" (exame dos defeitos ou das insatisfações) ou morfológica (combinação sistemática dos elementos de um conjunto), para em seguida aplicar o *concassage*, que permite transformar as funções ou as disfunções identificadas.

# A ANÁLISE DO VALOR

Trata-se de um recorte formal do objeto, ou do método em estudo, a fim de assinalar suas principais funções, definidas como fontes de valor.

## RECORTE FUNCIONAL

Podemos assinalar quatro fontes de valor para o objeto ao lado, qualquer que seja seu conteúdo (amaciante, desodorizador, inseticida etc.):

- função reserva (capacidade do frasco);
- função pulverização (sistema de pistola);
- função preensão (frasco adaptado à mão);
- função informação (rótulo).

Identificar as funções de um objeto nos permite ter em mente os elementos fundamentais que o definem, que lhe dão valor e que podem ser modificados para melhorar o objeto.

## Que funções pode desempenhar uma tesoura?

Usos possíveis:
- Função recorte
- Função preensão
- Função estética
- Função "pinça"

Faça o mesmo exercício com um móvel, um eletrodoméstico, uma atividade etc.

O que deve motivar a transformação de um objeto é a inquietação pela qual fazemos a análise do valor. Para obter soluções eficazes, é necessário imaginar novas características práticas.

## NOVAS FUNÇÕES

- A partir da função reserva, podemos imaginar frascos de formatos diferentes, e encontrar novos tamanhos (refil para uso industrial, familiar, de bolso etc.) ou formas variadas (cúbicas, esféricas, achatadas, formato de pistola etc.).
- A função preensão pode ser pensada a partir das opções de dosador: cabo fixo, destacável, luva de proteção em torno do refil, gatilho que pode girar para os lados etc.

### Retomemos a tesoura

Escolha uma ou duas funções e descubra como fazer o *concassage* dessas funções.
Usos possíveis:
- A função "pinça" pode ser imantada, permitindo a união de três produtos em um: uma pinça, um ímã e uma tesoura.
- A função recorte pode ser aprimorada com dentes ou com uma opção de regulagem da potência de recorte. Assim, obtemos uma tesoura multiuso, que corta papel, tecido, plástico etc.

A análise do valor corresponde, portanto, à enumeração dos elementos característicos de um objeto (ou uma situação) e, conseqüentemente, revela as qualidades e potencialidades deste objeto. O procedimento consiste, dessa forma, em assinalar:

- para um objeto, as funções desempenhadas pelos elementos que o compõem;
- para um procedimento, as etapas de ação que interessam à seqüência global. No caso de uma receita culinária, é possível decompor os ingredientes, mas também o tempo de cozimento, o tempo de descanso, sua apresentação numa travessa etc. O valor de um prato não é apenas a soma dos ingredientes que foram misturados, mas também as partes do processo que estão na origem do resultado;
- para um conceito, os elementos do referencial simbólico no qual se inscreve. O valor de um curso para um professor depende do conteúdo (os dados que podemos anotar no caderno), mas também da interação com os alunos, do encadeamento das informações, da qualidade dos exemplos citados, da forma de avaliação (oral ou escrita) etc.

A aplicação do *concassage* a estes diferentes casos terá como efeito transformar o valor final da produção. Reduzindo tal parte do curso, tal tempo de cozimento, trocando a travessa em que a carne será servida, ou enriquecendo as modalidades do exame, o professor e o cozinheiro obterão resultados diferentes do que de costume.

### *Concassage* de um creme dental

Um grande grupo industrial especializado em produtos de higiene e de limpeza conseguiu aumentar suas vendas de creme dental em 15%, antes de ser imitado pelos concorrentes.

Como fazer para desenvolver as vendas de creme dental? Pensa-se, à primeira vista, numa série de campanhas publicitárias, com a utilização de um selo de qualidade ("os dentistas recomendam..."), a introdução de um processo químico original e eficaz que convenceria os clientes.

Para que serve um tubo de creme dental? Como nos exemplos precedentes, podemos assinalar diferentes funções desempenhadas pelo produto para o consumidor:

- o creme dental (conteúdo), que pode ter muitas características (eficácia em termos de higiene, de hálito, de sabor etc.);
- o tubo (embalagem), mais ou menos prático de guardar e manipular;
- a marca, que oferece uma garantia de qualidade e confirma a especialidade do fabricante

A qualidade do creme dental dificilmente pode ser avaliada por um consumidor comum (ao olhar, por exemplo, a composição química). É, portanto, a marca (promovida pela mídia ou indicada por uma pessoa de confiança como o dentista) e o tubo (estética, ergonomia) que determinam a escolha do consumidor, além do preço.

O *concassage* permite voltar à análise de valor:

- Se trocarmos o creme dental, invertendo suas propriedades? Podemos lançar uma pasta que provoque cáries, feita de sucos destruidores.
- Se colocarmos a pasta sobre um outro suporte? Um chiclete, uma loção, uma escova de dentes elétrica?
- Se mudarmos a imagem da marca, vinculando-a a finalidades específicas (pasta "especial para fumantes", "antimanchas", "hálito fresco", ou "sabor chocolate", para estimular as crianças etc.)?

A partir desse método, e com base na análise do tubo (embalagem), algumas idéias simples foram testadas. Aumentando o tamanho da abertura do tubo em 15%, o consumidor continua a espremer a pasta sobre a superfície da escova de dentes, sem ter a impressão de que está utilizando mais pasta. Assim, começa a comprar creme dental com mais freqüência, pois o conteúdo do tubo acaba mais rápido.

## Análise "defeitológica"

Como o próprio nome indica, a análise "defeitológica" consiste em assinalar sistematicamente os defeitos ou as insatisfações inerentes a um objeto ou processo.

Quando nos confrontamos com uma

> **Análise da reação**
>
> Imagine que seu chefe lhe propõe trocar de sala. Qual é sua primeira reação?

situação ou objeto novo, tendemos a ver os inconvenientes antes de notar as vantagens. No exercício proposto, sua primeira reação poderia ser: "O que está por trás disso?" "Que escritório ele quer me dar, um menor, um não tão bem localizado?" Trata-se do famoso espírito crítico.

Esta análise permite, portanto, elaborar, num primeiro momento, a lista de disfunções encontradas, a fim de buscar, em seguida, soluções para o *concassage*.

A partir da relação de aspectos negativos revelados pela análise "defeitológica", o usuário busca soluções para cada um dos pontos. Sugerimos a seguir algumas pistas propostas por nossos estagiários sobre o leite longa-vida.

### Pacote de leite

Um pacote de leite é um objeto prático e familiar. Que problemas encontramos freqüentemente para utilizá-lo? Esta questão, proposta em seminário, mostra os seguintes resultados:

- sistema de abertura pouco manejável (corte na embalagem);
- dificuldade de entornar o conteúdo quando o pacote está muito cheio: o leite sai em golfadas;
- risco de perecimento do produto após aberto;
- necessidade de utilizar um copo dosador para medir o volume restante...

### Soluções operacionais

- A flexibilidade da embalagem impede controlar o fluxo de escoamento. E se a embalagem fosse rígida (inversão)? O saco ficaria muito pesada, o custo de produção muito alto e o preço de venda aumentaria. E se imaginássemos o sistema para um só pacote (redução)? Só poderíamos utilizá-lo uma vez. E se pudéssemos reutilizar essa embalagem rígida para todos os pacotes (amplificação)? Teríamos um sistema rígido para o leite. Bastaria deixar o pacote escorregar nessa caixa para evitar que o leite saísse em golfadas.
- Quando aberto, ele pode ser conservado em geladeira durante alguns dias. Defeito: podemos esquecer a data em que o abrimos e talvez consumir um produto com prazo de validade vencido. O fabricante deveria colocar um sistema de calendário eletrônico, de forma que a caixa pisque quando for aberta depois de muito tempo. E se fosse o usuário a fazê-lo (transposição)? Poderíamos nos contentar em escrever a data na embalagem com uma caneta. Como poderíamos escrever sem caneta (inversão)? Fazendo um corte, um risco, colocando um adesivo, um sinal. E se nossa caixa rígida (combinação) tivesse um calendário para indicar o dia da semana? E se o produtor colocasse um adesivo com um sistema de raspagem que permitisse indicar a data?

Pouco a pouco, as soluções operacionais surgem. Combinando-as novamente por *concassage*, podemos chegar a conceber novas aplicações, principalmente no plano comercial. Assim, durante uma campanha promocional, um produtor de embalagens de leite poderia oferecer um sistema de caixa rígida astucioso, com as cores de sua marca e sugestões de receitas etc.

### Dificuldade para acordar

Quais as suas dificuldades para sair de manhã?
Tipos de respostas possíveis:
- Estou sempre atrasado.
- Meu despertador toca baixo.
- Não tenho tempo de me maquiar, nem de arrumar a casa antes de ir ao trabalho.

Que soluções você pode trazer a esses diferentes pontos negativos?
- Levantar mais cedo.
- Preparar na noite anterior a mesa do café-da-manhã e o lanche das crianças.
- Trocar o despertador, colocar vários despertadores para tocar ao mesmo tempo.
- Elaborar listas do que é preciso fazer, estabelecer prioridades.
- Pedir a alguém que venha buscar as crianças etc.

## Análise morfológica

Complemento da técnica do *concassage*, a análise morfológica (criada pelo astrofísico Fritz Zwicky) consiste em trazer soluções a partir de combinações sistemáticas, utilizando três meios:
- Um inventário, sob a forma de lista, de tudo o que diz respeito ao tema estudado. É preciso estruturá-lo de maneira muito ampla (por exemplo, os materiais utilizados para a confecção de um objeto, as tecnologias utilizadas, o tipo de clientes aos quais nos dirigimos etc.). No caso de um tema mais complexo (dispositivo, processo, forma de fazer), descrevemos da mesma forma todos os componentes do tema: etapas a serem respeitadas, pessoas envolvidas no processo, meios necessários para a sua execução etc.
- O inventário é a seguir classificado por temas, de maneira a destacar as grandes áreas (eixos) sobre as quais podemos intervir para introduzir uma mudança. Então reagruparemos os elementos sob a forma de eixos genéricos, que contêm todas as modalidades enumeradas na primeira fase.
- Em seguida, os elementos das categorias definidas podem ser combinados. Podemos proceder de forma sistemática ou fazer um sorteio (tiramos ao acaso alguns elementos em diferentes famílias e imaginamos o produto ou o procedimento obtido, justapondo os ingredientes).

## Combinação de elementos

Uma viagem é geralmente descrita como "um deslocamento no espaço e no tempo".
Assim, podemos imaginar uma série de meios de locomoção, de períodos e de motivos associados ao deslocamento. Estas três categorias podem ser apresentadas desta forma:
• Meio de locomoção: automóvel, foguete, pedalinho etc.
• Períodos: verão, inverno, Páscoa, Natal etc.
• Motivos: férias (uma semana, um mês), tipo de estadia (lingüística, cultural, esportiva), temperaturas privilegiadas (sol, frio). De maneira sistemática ou procedendo a um sorteio, podemos conceber assim novos tipos de viagem cruzando um item de cada categoria: de pedalinho no inverno ao sol, viagem cultural de trem durante os Finados, passeio guiado de bicicleta no fim de semana. Podemos também acrescentar uma quarta dimensão, por exemplo, o objetivo, e provocar assim aproximações inesperadas entre os diferentes componentes de uma viagem.

A análise morfológica pode superar o quadro do inventário daquilo que "faz" o objeto ou o processo. No entanto, também é necessário fazer o inventário do contexto no qual o objeto se apresenta. Se raciocinamos sobre as perspectivas profissionais de um aluno no último ano do ensino médio, o inventário genérico poderá conter categorias mais amplas do que simples gostos, predisposições ou "matérias escolares". Será possível, por exemplo, imaginar uma lista com os verbos de ação, outra com países, uma com setores de atividade, fazendo surgir a formulação de um projeto profissional. O resultado poderá ser discutido para definir o tipo de profissão escolhida pelo estudante.

## Le Corbusier

Charles-Édouard Jeanneret, cujo pseudônimo é Le Corbusier (1887-1965), é um dos raros arquitetos conhecidos pelo grande público. Este urbanista, pintor e escritor de origem suíça deixou, no mundo inteiro, edifícios construídos a partir de formas originais. As casas assinadas por ele a partir dos anos 1920 são a aplicação estética de sua reflexão sobre a pintura e o maquinismo. Com efeito, concebia o hábitat a partir de uma combinação de "módulos". Os bairros Frugès em Pessac (Gironde), e mais tarde as unidades habitacionais, atestam sua vontade de estandardizar, pré-fabricar e reunir volumes a partir de suas observações dos modos de vida. Embora algumas de suas produções

(*continua*)

### LE CORBUSIER *(continuação)*

tenham sido desacreditadas, podemos notar a espantosa modernidade das construções concebidas desde... 1920. Seus diferentes projetos urbanísticos (Argélia, Anvers, Buenos Aires) baseiam-se em considerações de ordem econômica, prática e estética. Os últimos retoques do "Modulor" no final dos anos 1940 marcam sua preocupação em combinar elementos industriais harmoniosos para facilitar a convivência coletiva. "A arquitetura é o jogo sábio, correto e magnífico das formas sob a luz."

# AS COMBINAÇÕES POSSÍVEIS

## A BISSOCIAÇÃO

A meio caminho entre a abordagem analógica e o método combinatório, a bissociação (elaborada por Arthur Koestler) consiste em forçar a aproximação entre duas situações para provocar a iluminação.

### GUTENBERG

Johannes Gutenberg, nascido na Alemanha, na metade do século XV, é tradicionalmente considerado o inventor da prensa. Ao tentar reproduzir mecanicamente o meticuloso trabalho dos monges copistas, Gutenberg – e seus contemporâneos – insistia sobre uma questão técnica: a moldagem de letras sobre suportes de madeira e a reprodução por prensagem e escovação do papel produziam resultados medíocres.

Gutenberg conseguiu superar essas dificuldades técnicas – dizem – praticando várias "bissociações". A primeira se inspirou nos moldes utilizados para cunhar moedas. Mais do que aperfeiçoar o molde no qual o metal era fundido, teve a idéia de esculpi-lo para fazer aparecer caracteres em relevo. Mais tarde, ao observar o funcionamento das moendas de vinho no vale do Reno, e as marcas que deixavam na uva após sua passagem, concebeu o sistema de "prensa" rotativa. Colocando caracteres móveis sobre uma matriz da prensa, lançou as bases de um novo processo de impressão.

No campo literário, a bissociação permite criar novas palavras, por brincadeira ou por necessidade (tradução ou uso de expressões oficiais da língua). O procedimento dá origem a novos termos, do neologismo erudito às justaposições grosseiras.

Na França, O Diário Oficial publica regularmente os termos oficiais da língua que devem ser utilizados no lugar de seus equivalentes estrangeiros, pelo menos nas atividades administrativas.

O desenvolvimento da *Internet*, o nascimento da moeda européia ou o aparecimento de novas técnicas comerciais dão lugar a uma série de colocações formais.

**BISSOCIAÇÕES DE LINGUAGEM**

O termo "tel." pode ser a contração de telefone num cartão de visitas. O relógio suíço (SWiss wATCH) tornou-se uma marca conhecida no mundo inteiro, o *brunch* é uma bissociação de duas palavras inglesas, *breakfast* (café da manhã) e *lunch* (almoço).

O exercício da criação verbal por justaposição de palavras foi tornado célebre por Lewis Caroll, que propôs chamar de "palavras-valises" o resultado dessas misturas.

A contração de uma palavra e o acréscimo de um prefixo grego ou latino é uma outra forma de bissociação verbal correntemente empregada para nomear fenômenos e conceitos, inventados e descobertos.

Os lingüistas distinguem duas categorias de palavras-valise: as "palavras-cegonha", em que a primeira sílaba da segunda palavra coincide precisamente com a última sílaba da primeira, e as "palavras-sanduíche", em que as sílabas se misturam umas com as outras.

**DEFINIÇÕES BISSOCIATIVAS ADAPTADAS À CRIATIVIDADE**

- Crialogia: estudo científico da criação.
- Metodisséia: grande viagem pelo mundo dos métodos de descoberta.
- Oniricaço: que tem muitas idéias boas durante seus sonhos.

## AS MATRIZES DA DESCOBERTA

As matrizes da descoberta se apresentam sob a forma de um quadro de dupla entrada. As linhas e as colunas desse quadro formam tantas intersecções quantas são as possibilidades de cruzamento.

Deve-se a Abraham Moles, psicólogo contemporâneo, a formalização desse instrumento para a criatividade.

## Elementos químicos

Foi sobre este princípio que Dimitri Mendeleiev estabeleceu a primeira versão da tabela periódica presente nos livros de química. Desde o final do século XIX, esse químico procurava classificar os elementos conhecidos por ordem de peso atômico crescente. Ele os dispôs numa matriz e os arranjou de tal forma que os elementos de uma mesma coluna possuíssem propriedades comparáveis. Assim, obteve casas vazias, que ele reservou aos elementos "ainda não descobertos". Em outras palavras, a matriz contém os elementos químicos virtuais: só restaria a seus sucessores continuar essa investigação. A primeira tabela de Mendeleiev, publicada em 1869, continha 63 elementos conhecidos. Quando morreu (em 1907) já continha 86. Nesse intervalo, o gálio, o escândio e o germânio foram descobertos. Ora, eles já tinham lugar nas casas vazias correspondentes! O elemento 101 leva hoje em dia o nome de mendelévio (Md) em homenagem àquele que permitiu dar esse grande passo na generalização dos princípios químicos.

A construção de uma matriz da descoberta repousa sobre a escolha de rubricas que compõem as linhas e colunas. A análise das variáveis sobre as quais desejamos basear a investigação permite fazer um inventário das características que queremos encontrar (por exemplo: utensílios e tarefas, produtos e clientes, técnicas e formas etc.)

## Quantas rodas?

O esquema abaixo cruza o conjunto de objetos que podem se mover a partir de três fontes de energia e em função do número de rodas.

| tração / rodas | mecânica | humana | eólica |
|---|---|---|---|
| 0 | | pedalinho | veleiro |
| 1 | | | |
| 2 | motocicleta | | |
| 3 | | triciclo | |
| 4 | | carrinho | carro a vela |

Ao cruzar as casas, encontramos uma multiplicidade de objetos conhecidos. Podemos também imaginar ou redescobrir novos objetos: patinetes motorizados, máquina desencaroçadeira de algodão a vela, *side-car* com pedais etc.

A construção matricial, além disso, tem valor pedagógico: permite explicar um processo, um programa, uma plano de ação. No campo da estratégia empresarial, os consultores recorrem desde os anos 1960 a esse tipo de formulação. Apresentam *portfolios* de atividades aos grupos industriais a partir de critérios variados (tamanho do mercado, taxa de crescimento, posição dos concorrentes etc.). Em uma só página, a representação gráfica obtida dá indicações sobre o equilíbrio do *portfolio* e sobre as perspectivas de alocação de recursos.

O exame de um problema, um procedimento ou uma solução em duas dimensões tem necessariamente caráter redutor. Ao mesmo tempo, permite visualizar melhor os extremos e as zonas de intersecção entre os diferentes componentes do objeto estudado.

## Uma questão de orientação

Imagine uma matriz que lhe permita refletir sobre os estudos que seu filho, no primeiro ano do ensino médio, poderia fazer.
Os critérios que você irá escolher terão relação com seus talentos, o que ele sabe fazer bem e suas preferências. Isto pode ser objeto de uma primeira matriz. Em uma segunda matriz, você pode acrescentar noções de custo, duração do curso, local de estudos etc.
Com tantas combinações obtidas cruzando informações, você encontrará uma boa solução.
Só um conselho: faça o exercício com seu filho, principal interessado nesse assunto.

As técnicas combinatórias permitem, portanto, sistematizar as aproximações feitas entre os elementos constitutivos da situação. Na fase de preparação, permitem fazer uma lista dos componentes envolvidos em sentido amplo (quer se trate de um objeto ou de um processo). Na fase de incubação, forçam as combinações que não conseguimos enxergar no cotidiano. A partir daí, a iluminação pode ocorrer com mais facilidade, nos pontos de contato entre duas idéias que associamos ou que transformamos pela técnica do *concassage* (mais, menos, com, sem, debaixo, fora etc.).

Certos instrumentos aceleram as fases de verificação e de comunicação dos resultados.

As matrizes permitem, por exemplo, resumir as idéias ao redor de alguns eixos. Neste capítulo, podemos nos divertir classificando os instrumentos estudados segundo dois eixos:

| | **DISSOCIAR** | **COMBINAR** |
|---|---|---|
| **Alguns elementos** | Análise do valor<br>Análise "defeitológica" | Bissociação<br>*Concassage* |
| **Todos os elementos sistematicamente** | Matriz da descoberta | Análise morfológica |

## Um bom jogo de palavras

O jogo que deu origem ao nosso "palavras cruzadas" foi inventado pelo arquiteto Alfred Butts, durante a crise de 1929, e se tornou muito popular.
No nosso tabuleiro, algumas letras como W, K e Y têm valor triplo, já que as palavras escritas com essas letras são mais raras no português.
Uma versão alternativa da regra do jogo consiste em fazer os jogadores utilizarem o mesmo cavalete: todos têm as mesmas letras, e aquele que encontrar a combinação de valor mais alto marca os pontos correspondentes.
Podemos, com a ajuda de bissociações sobre uma matriz, inventar novas regras de jogo?

| | **dado** | **aposta** | **trunfo** |
|---|---|---|---|
| casas | 1 | | |
| letras | | | 6 |
| pontos | 2 | | 7 |
| tempo | | 4 | |
| peças | 3 | | |
| tabuleiro | | 5 | |

Cruze os ingredientes deste jogo com os acessórios ou procedimentos empregados nos jogos de cartas.
Sete sugestões entre centenas de outras possíveis:
1: O jogador coloca uma peça sobre o tabuleiro e se desloca com um dado. A casa onde se encontra a peça indica a linha e a coluna sobre as quais ele pode colocar sua palavra.
2: Um dado de seis faces adaptado permite multiplicar seu resultado por 1, 2, 3, 0 e até – 2 sobre a palavra colocada no quadro.
3: O número de letras que ele pode pular após ter colocado uma palavra é obtido pelo valor do dado.
4: Uma ampulheta está graduada com um sistema de bônus decrescentes: quanto mais o jogador demora, menos pontos marca.
5: Os jogadores decidem o nível de dificuldade colocando decalques no tabuleiro (casa pretas inutilizáveis, como nas palavras cruzadas, bônus regulares etc.).
6: Um baralho é associado aos acessórios, cada jogador pode utilizar um coringa (um erro de ortografia autorizado, possibilidade de utilizar uma palavra estrangeira, proibição a um adversário de escrever um adjetivo etc.).
7: Um baralho dá periodicamente instruções aos jogadores (as palavras colocadas devem obter mais de 20 pontos, menos de 12 pontos, conter um "S", serem colocadas sobre uma só palavra "de valor duplo", utilizar cinco letras etc.).

# Capítulo 5

# ASSOCIAÇÃO DE IDÉIAS

O processo associativo corresponde a uma segunda categoria de ferramentas úteis para a produção de idéias. Através dele efetuamos aproximações entre vários objetos ou várias idéias, dando livre curso à imaginação.

Os instrumentos associativos resultam de nossa capacidade de estabelecer ligações, desvios ou recorrer a associações entre os elementos envolvidos. De maneira geral, ele visam enriquecer e completar o espectro de nossa percepção sobre um fenômeno. Brincando com as palavras, os instrumentos associativos nos permitem desenvolver a reflexão a partir de evocações, para "pescar" idéias, assim como fazemos ao trazer um peixe para a superfície. Muitos métodos podem ser utilizados para colocar em prática esta técnica: o mapa mental, o *brainstorming*, a associação forçada.

## MAPA MENTAL

Esta ferramenta foi desenvolvida pelo britânico Tony Buzan, e é muito utilizada para representar as associações de idéias que nascem ao enunciarmos uma palavra ou um conceito. Tony Buzan apresenta, em sua obra *Une tête bien faite* (Uma cabeça bem feita, Paris, Éditions d'Organisation, 1997), técnicas de aprendizagem baseadas na exploração de nosso potencial de ideação. Seu método visa exercitar a memória, ler e tomar notas mais rapidamente e visualizar de forma diferente as soluções de um dado problema. Ele parte do princípio de que a escrita linear do alto até o pé da página não corresponde ao funcionamento cerebral natural. De fato, este modo de escrever enrijece nossa percepção das idéias, bloqueando a capacidade de estabelecer relações. Isso porque nosso cérebro funciona pelo encadeamento de integrações de conceitos-chave, algo de que o traçado linear tradicional não pode dar conta. Assim, T. Buzan propõe organizar as idéias por ramificações sucessivas a partir de um tema central.

### Um mapa mental

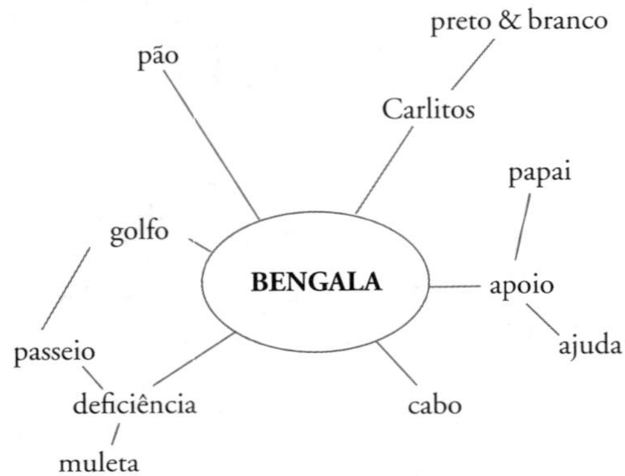


Colocamos a palavra BENGALA no centro da folha e escrevemos todas as idéias que associamos espontaneamente a ela. Algumas ramificações podem ser completadas por novas associações de idéias, outras permanecem isoladas.

Então, a partir de uma palavra central, é possível explorar graficamente todas as evocações associadas direta ou indiretamente ao "estímulo" proposto. A exploração dos mapas mentais permite formalizar ligações diretas (causa, efeito, parentesco etc.) entre um dado assunto e os fundamentos subjetivos da percepção.

Quando é realizado em grupo, o mapa mental permite completar aspectos em que uma só pessoa não teria pensado. Eis por que a utilização deste instrumento se mostra particularmente fecunda na fase de preparação ou de verificação, pois permite anotar de forma sintética e completa os diferentes pontos de vista. A incubação e a iluminação são igualmente facilitadas, visto que o essencial dos "ingredientes" da reflexão foi colocado num mesmo suporte.

### Para encontrar um presente original

Você deseja dar um presente original a um amigo que está completando 40 anos. Escolha uma palavra central: amigo ou 40 anos, e estabeleça um mapa mental seguindo o modelo anterior.

**CASAMENTO**

A família está reunida para organizar o casamento da filha mais velha. A discussão torna-se animada: cada um dá suas sugestões para a festa, apresenta seus gostos, comenta a escolha dos convidados, a reserva do salão de festas, o bufê etc. O mapa mental permite organizar a discussão, anotando os pontos a serem tratados.

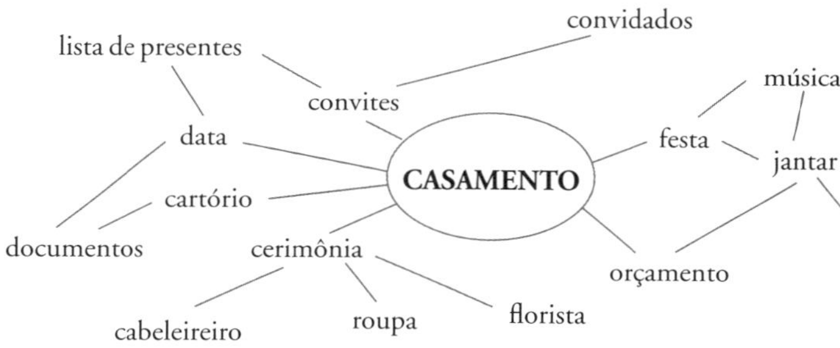


O mapa mental pode, então, ser completado com lápis de cores diferentes para indicar as datas ou designar as pessoas que se ocuparão de cada assunto. Também é necessário acrescentar algumas informações úteis, como números de telefone, nome de empresas a contatar etc. Terminada a reunião familiar, todos terão acesso aos dados importantes para tomar providências e fazer um balanço da organização do casamento.

# O "CIRCEITO"

O "circeito" é também um instrumento de representação gráfica das idéias. Seu nome, que corresponde à contração de "conceito circular", foi proposto por Michel Fustier, especialista em economia social. Seu trabalho foi aplicado concretamente em várias áreas: psicologia social, marketing e pedagogia. O "circeito" pode intervir como complemento do mapa mental para hierarquizar ou organizar as evocações e associações de idéias que foram recolhidas por seu intermediário.

O método repousa sobre a idéia de que cada conceito (palavra, idéia complexa, situação social) pode ser representado de forma circular para colocar em evidência as tensões inerentes ao tema. Essa tensões não correspondem necessariamente a oposições (branco/preto), mas podem estar

### Associações

Uma dissertação sobre o tema "O que evoca a palavra 'bengala'?" teria, sem dúvida, diferentes acepções do termo em sentido próprio (apoio de madeira, muleta para pessoas deficientes ou idosas), mas também seus homônimos (o Golfo de Bengala). O "circeito" permite dar conta dessa variedade de percepções e associações de idéias, estruturando os eixos correspondentes.

ligadas a idéias complementares, nuances, ao longo de cada eixo.

Em sua obra *L'inventique* (O inventado), Michel Fustier conta que a idéia de "circeito" nasceu enquanto ele avaliava associações de idéias e analogias em torno do termo "chefe de empresa". "As imagens foram dadas aos montes, opondo-se ou ligando-se umas às outras. Mas, sob essa aparente desordem, escondia-se uma estrutura. Por um lado, cada imagem estava próxima de outra, mas, ao mesmo tempo, podíamos encontrar na lista imagens absolutamente contrárias entre si. Em virtude dessas duas características, era possível organizar as imagens em torno de uma forma circular, em que cada ponto da figura tivesse vizinhanças e oposições."

O "circeito" visa, portanto, a uma representação gráfica e circular das diferentes tensões ou "imagens" contidas num termo ou conceito:

### Circeito

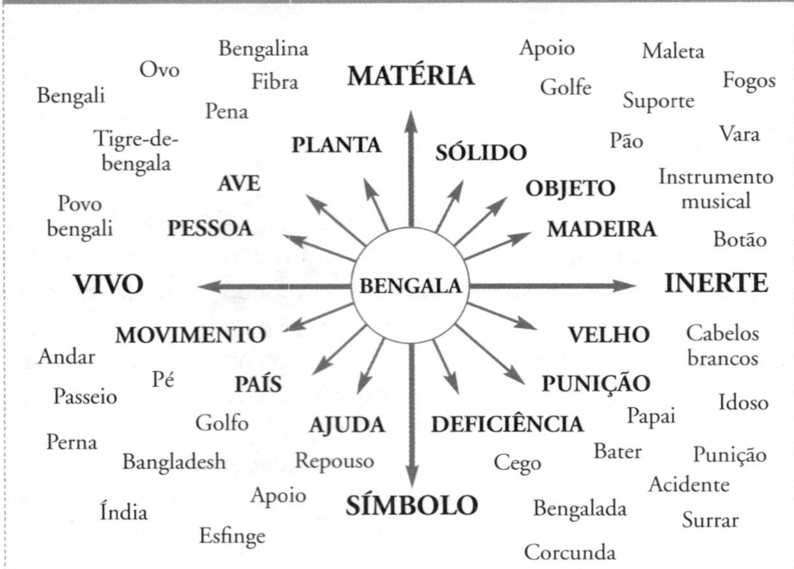

O "circeito" então se revela particularmente útil para sintetizar um conceito, ao apresentar sobre um mesmo esquema uma grande parte das significações que evoca. A construção de um "circeito" se faz em três etapas:
1) Inventário das evocações ou associações de idéias contidas num tema central. Se o assunto for criatividade, por exemplo, podemos obter uma lista enorme de palavras contidas nesta obra: iluminação, atitudes, processo, ideação, mapa mental, *brainstorming*, psicologia, inventor etc.
2) Reagrupamento dos termos por famílias e por ligação: a fase mais delicada. É recomendável começar recopiando as palavras sobre pedaços de papel e, como num quebra-cabeças, tentar encontrar ligações organizadas, contínuas e consecutivas, ou oposições. Procuraremos colocar as diferentes significações sobre uma mesa, até localizar ligações entre elas.

**DISCIPLINA**

Em alguns minutos, é possível obter uma classificação de cerca de 30 itens divididos em dois eixos (um que vai de "conhecimentos" a "aplicação prática" e outro que vai de "atores" a "contexto") e quatro grandes famílias a partir do termo "criatividade". Podemos obter definições fazendo "rodar o circeito". Por exemplo, a criatividade pode ser definida como uma disciplina que busca delimitar um contexto (diante de um problema, de um enigma), para colocar em prática técnicas utilizáveis por uma comunidade de atores (artistas, agências de publicidade, grupos de trabalho). A definição é "desenvolvida" a partir de "conhecimentos", no sentido dos ponteiros do relógio.
Partindo de "método", obteremos: a criatividade é um método que mobiliza numerosos profissionais ou amadores. Estes podem recorrer a diversos estudos da psicologia para inovar ou transformar os elementos de uma situação, utilizando instrumentos bem concretos.

No domínio da criatividade, aproximamos os conceitos, os autores, as ferramentas e os modelos. Podemos colocar num mesmo plano Michel Fustier em companhia de Alex Osborn (veja tópico seguinte dedicado ao *brainstorming*), as tentativas de modelização teórica (o inconsciente, o cérebro duplo), os instrumentos práticos dentro de uma caixa, e assim por diante.

3) Nomear os eixos que parecem partilhar famílias. É importante destacar que uma mesma série de termos pode dar origem a numerosos "circeitos" diferentes. Efetuamos as aproximações em função de uma escolha pessoal, assim como podemos tratar um mesmo assunto de dissertação utilizando um plano diferente.

No total, é possível encontrar uma formulação linear e redigir uma definição clássica do conceito ao "girar" os eixos do "circeito". A partir das diferentes famílias encontradas, construímos uma frase.

## BRAINSTORMING

A técnica do *brainstorming*, cuja tradução é tempestade cerebral, foi aperfeiçoada nos anos 1930 por Alex Osborn.

Nessa época, ele era diretor e associado da agência de publicidade americana BBDO. As reuniões de trabalho se seguiam sem nenhuma novidade: encontrar um nome para uma marca, um *slogan* para valorizar determinado produto, desenvolver a clientela etc. Enquanto convivia com os "criativos", cujo cerne do trabalho consistia em elaborar idéias originais e operacionais, A. Osborn observou na equipe um fenômeno recorrente – e aliás ainda atual, 70 anos depois: as idéias novas são criticadas, melhoradas, discutidas (e rejeitadas) em reuniões tradicionais.

Cronômetro na mão, ele percebeu que 70% do tempo era consagrado a uma espécie de censura velada, motivada pelas certezas profissionais. Testou, então, outra fórmula: as reuniões ocorreriam em duas etapas. A primeira deveria servir para recolher todas as idéias, quaisquer que fossem, sob a direção de um mediador encarregado de proibir... proibir! Isso mesmo, nenhuma censura era permitida. Esse material bruto seria a seguir examinado e enriquecido pelos participantes numa segunda etapa, dedicada à seleção das melhores idéias. Nascia então o *brainstorming*.

### *Brainstorming*

Quando, no Oregon, os fios telefônicos começaram a cair com o peso da neve e do gelo, os dirigentes da companhia organizaram uma sessão de *brainstorming* para encontrar uma solução.
As idéias apresentadas iam desde as soluções mais concretas às mais impraticáveis. Um funcionário propôs enterrar os cabos, um outro, encapá-los para mantê-los aquecidos. Um terceiro sugeriu que aviões munidos de aquecedores voassem por cima dos cabos. Esta solução fantasiosa deu a idéia de utilizar helicópteros.
E foi um sucesso: capazes de voar próximos ao chão e lentamente, por cima dos cabos, esses aparelhos emanavam o calor que fazia derreter a neve e o gelo.

Extraído de *Développez votre créativité* (Desenvolva sua criatividade, Amsterdã, Time-Life, 1994, p.105).

Este procedimento pode ser adaptado para uma reflexão individual: a pessoa exprime e/ou anota as idéias que lhe vêm espontaneamente e as examina em seguida para obter uma solução.

O *brainstorming* recorre à associação de idéias, já que permite aos participantes expressar idéias sem interrupção nem censura, por rebates sucessivos.

Para que uma sessão de *brainstorming* seja eficaz, convém seguir as cinco regras enunciadas por A. Osborn:

**Regra 1:** a sessão de produção de idéias deve ocorrer num clima de liberdade total. É proibido proibir: todas as idéias, mesmo as que parecem mais absurdas ou ridículas, devem ser expressadas.

**Regra 2:** nenhuma crítica deve ser feita durante a sessão.

**Regra 3:** o mediador deve incentivar os participantes a se expressar.

**Regra 4:** os participantes são encorajados a rebater sobre as idéias dos outros para propor idéias novas.

**Regra 5:** todas as idéias devem ser anotadas, sem nenhum comentário.

O exame das proposições do grupo permite, num segundo tempo, hierarquizar as sugestões e enriquecê-las para extrair as que respondem melhor à questão pesquisada. Esta etapa deve também ser encarada numa perspectiva positiva.

Graças a técnicas de reformulação e de avaliação estruturada, o grupo fica encarregado, neste momento convergente, de extrair as melhores idéias. Estas, aparentemente fantasiosas, são examinadas seriamente: elas contêm os germes da originalidade. As idéias negativas são transformadas, as positivas, ampliadas, como vimos na primeira parte desta obra.

Estes princípios foram minunciosamente resumidos por Hubert Jaoui com as letras "CQFD", que concluem geralmente uma demonstração:
**C:** Censura proibida
**Q:** Quantidade no início
**F:** Fantasia bem-vinda
**D:** Diminuição sistemática

A descrição da aplicação prática desse método mostra que o *brainstorming* baseia-se em dois grandes momentos do produção de nosso pensamento: a divergência e a convergência. Temos, de fato, o hábito de encarar as situações cotidianas procurando uma convergência rápida para encontrar "A" solução. Ora, inicialmente, a criatividade precisa de esforço para se envolver no processo; nessa fase, ela requer que um MÁXIMO de idéias seja considerado, para que, depois, as melhores sejam selecionadas. O *brainstorming* adere totalmente a este mecanismo.

**A associação de idéias**
Esta técnica consiste em buscar pontos comuns, correspondências ou evocações a partir de aproximações de dois universos que a princípio não têm nenhuma relação.

Para pessoas treinadas, é a busca de analogias escondidas, o emprego de desvios irracionais, a formulação de proposições aparentemente ingênuas ou incongruentes que permitem, no entanto, trazer à tona algumas idéias novas e úteis.

### Cadáver delicioso

No campo literário, deve-se a um grupo de poetas surrealistas (ao qual pertencia Jacques Prévert) a definição de um jogo baseado na escrita coletiva. O exercício funciona da seguinte maneira: cada participante deve escrever um pedaço de frase, dobrar a folha de papel em sanfona, e passá-la ao vizinho, que continua a redação, sem conhecer o conteúdo que precede sua intervenção. A primeira frase obtida por este processo dizia: "O cadáver delicioso beberá o vinho novo", e deu nome a este método, que ficou conhecido como "cadáver delicioso".

Para sistematizar o método, podemos utilizar um dicionário e buscar idéias a partir de uma palavra escolhida ao acaso. Utiliza-se então o poder de evocação da palavra para encontrar associações de idéias.

### O QUE HÁ EM COMUM ENTRE UM TAPETE E UM OVO?

No final dos anos 1950, Alastair Pilkington era engenheiro numa usina de fabricação de vidro. As peças de grande superfície eram fabricadas sobre esteiras rolantes semelhantes às laminadoras de aço. Infelizmente, a distribuição do peso sobre a esteira nunca era homogênea durante o processo, e as vidraças obtidas tinham defeitos visíveis. Mais tarde, depois de fritar ovos, enquanto lavava os pratos, Pilkington observou manchas de óleo que boiavam na superfície da água. E teve uma iluminação: ao voltar para a fábrica, experimentou um sistema de esteiras flutuantes e eliminou assim a maior parte das distorções. O vidro era escorrido sobre uma superfície de estanho fundido e mantido numa certa pressão. Nascia a técnica do "vidro flotado".

Extraído do livro de Anne Bacus e Christian Romain, *Libérez votre créativité* (Liberte sua criatividade, Paris, J'ai lu, 1997, p. 188-189).

É bem possível cruzar esta técnica de associação forçada com outros instrumentos: mapa mental, matriz da descoberta, *concassage* etc. A palavra, a imagem ou a representação simbólica que serve de ponto de partida para a reflexão funciona como uma "chave" que abre as portas de nossa imaginação. Eis por que esta técnica se assemelha muito àquelas utilizadas para interpretar as imagens dos sonhos, como o ilustra magistralmente o livro *Alice no país das maravilhas*, de Lewis Caroll.

Você pode aplicar esta técnica para encontrar idéias de animação para a enésima festinha de aniversário das crianças, ou para criar um espetáculo que anime a quermesse da escola.

Qualquer que seja o assunto tratado, pense que você sempre encontrará mais idéias caso se reúna com outras pessoas e lhes proponha esses temas sob a forma de jogo. Pode ser durante um almoço, por exemplo. E deixe que as crianças participem!

## Faça seu próprio *brainstorming*

Suponhamos que você queira fazer melhorias em seu banheiro. Para tornar suas idéias mais claras, anote numa folha de papel tudo o que lhe passa pela cabeça sobre este tema.

Você encontrará idéias relacionadas à utilidade, à estética, à comodidade, ao conforto etc.

Quando tiver listado todas as idéias, respeitando as regras enunciadas acima, classifique-as por categorias a fim de examiná-las e selecione a mais eficiente.

Capítulo 6

# COMPARAÇÃO DE IDÉIAS

Quando temos um problema pela frente, em geral comparamos os elementos que já conhecemos para tentar compreendê-lo. É o mesmo princípio que está por trás de expressões como "dentes" de um pente, o "pé" da mesa, uma personalidade "brilhante", uma troca "calorosa" para evocar coisas que não possuem fisicamente as propriedades indicadas. Utilizar analogias permite sistematizar este princípio, visto que consistem em formular idéias procurando pontos comuns entre vários objetos ou situações.

Nesse sentido, Georges Prince e William J. J. Gordon, autores americanos, propuseram um método que batizaram de "sinético" (segundo a etimologia grega, junção de elementos heterogêneos). A sinética visa propor uma tipologia das situações de identificação ou de analogia (direta, simbólica, fantástica e pessoal), baseada na transformação de objetos e conceitos a partir de um valor: tornar o familiar estranho e tornar o estranho familiar.

Esta fórmula resume bem as duas funções complementares contidas no método de analogias. Este permite, de um lado, superar o conformismo de nossa percepção incitando-nos a buscar uma nova forma de encarar as coisas familiares; de outro lado, possui um valor pedagógico, visto que nos convida a tornar simples e compreensíveis fenômenos insólitos.

Alfred Hitchcock, inspirando-se num romance de Daphne du Maurier, utilizou a flexibilidade heurística (disciplina que propõe separar os fatos da pesquisa e da descoberta) da analogia quando realizou o filme *Os pássaros*, em 1963. Além da angústia provocada pela situação, o filme apresentava como muito estranho o comportamento dos pássaros, símbolos tradicionais de paz, alegria e leveza, transformados em bando vingador, organizado para destruir com crueldade. A analogia fantástica apóia-se aqui na questão: e se os pássaros fossem capazes de se organizar como um esquadrão aéreo para semear o terror?

Do ponto de vista pedagógico, a metodologia analógica convida o pesquisador a uma representação simplificada de dados complexos. Por exemplo, Niels Bohr recorre às virtudes didáticas da analogia para representar a estrutura do átomo a partir das órbitas planetárias no sistema solar. Como os dois métodos anteriormente mencionados, a aproximação analógica revela-se, portanto, útil em diferentes momentos da seqüência criativa: uma metáfora ou uma comparação podem facilitar a compreensão da situação ao mesmo tempo em que constituem a base metodológica para encontrar pontos em comum e soluções.

W. J.J. Gordon e G. Prince propõem quatro categorias de instrumentos: a analogia direta, a analogia simbólica, a analogia fantástica e a analogia pessoal.

## CONFRONTANDO ELEMENTOS COMPARÁVEIS

A analogia direta consiste em comparar e substituir todas ou parte das características do objeto de pesquisa pelos elementos de um objeto de pesquisa aparentado. A proximidade entre os dois objetos reside geralmente em semelhanças físicas.

### EXPERIMENTAÇÕES ENGENHOSAS

- O esqueleto humano pode servir de referencial para o inventor que queira melhorar a flexibilidade de um suporte, como no caso dos braços articulados das lâmpadas de arquiteto.
- O funcionamento da retina pode permitir aperfeiçoar o sistema obturador de uma máquina fotográfica.
- As flores que grudam nas roupas trazem o princípio de fixação por velcro.
- A biônica, "arte de copiar a natureza", método direto de analogias, popularizou-se nos anos 1980 por meio de algumas séries de TV que narravam as aventuras de agentes secretos equipados com próteses sofisticadas que multiplicavam suas faculdades naturais. O método examina a correspondência entre fenômenos naturais e mecanismos biológicos no mundo industrial e científico.

Leonardo da Vinci é sem dúvida um pioneiro nessa área. Devemos a ele uma quantidade impressionante de teorias científicas, experimentações engenhosas e inovações artísticas resultantes em grande parte de sua capacidade de observação dos fenômenos naturais para tentar reproduzi-los. No campo da anatomia, formulou hipóteses sobre a circulação sangüínea que enriqueceram um trabalho paralelo no campo da hidráulica, que desembocou nos planos de canalização de rios. A observação dos pássaros permitiu-lhe elaborar princípios aerodinâmicos coerentes, mesmo que algumas de suas engenhocas voadoras, entre as quais o ancestral do helicóptero, não tenham conseguido levantar vôo com a ajuda da energia muscular, a única disponível na época!

Na vida cotidiana, acontece também de procedermos por analogia direta para relacionar dois fenômenos independentes.

Para descobrir analogias, é necessário prestar atenção, confiar no acaso e partir do princípio de que tudo que é vivo, tudo que é dito e feito ao seu redor pode trazer soluções.

Esta técnica permite, então, que nos apoiemos num campo que conhecemos para encontrar equivalências numa situação que não dominamos tão bem. Ao fazer o inventário das características da situação conhecida, podemos encontrar pontos em comum com a situação proposta pela questão de pesquisa.

O dono de uma loja que queira desenvolver um cartão de fidelidade pode observar como funciona o consentimento mútuo dos parceiros na vida conjugal. O candidato à carteira de habilitação que teme a prova prática pode lembrar os métodos de relaxamento que aprendeu quando fazia teatro.

### Encontre idéias por analogia observando a natureza

Como fazer economia de energia? Observe os pássaros, os gatos e outros animais. Como fazer a criança arrumar seu quarto? Pense em Mary Poppins, que o fazia por meio de uma canção. Utilize o mundo dos contos, invente histórias, organize uma caça ao tesouro.

No campo científico, as analogias permitem formular hipóteses a partir da observação dos mecanismos mais familiares. A experimentação permite afinar ou validar as intuições ou reduções provocadas pela analogia direta.

### Inovações naturais

• Para surpreender a presa, o tubarão se locomove na água com grande senso de economia: poucos movimentos, pouca agitação. Sua pele, recoberta de uma fina malha estriada, cria miniturbilhões ao redor de todo o seu corpo e o torna de certa forma deslizante. Pesquisadores alemães adaptaram esse princípio recobrindo uma carlinga de avião com uma pele de tubarão sintética. Obtiveram resultados significativos: o consumo de combustível diminuiu 3% em média.

• William Harvey, médico inglês do século XVII, concebeu um modelo correto da circulação sanguínea a partir da observação da drenagem e irrigação de água dos canais holandeses nessa mesma época. O papel do coração na circulação sanguínea é concebido por analogia, como uma bomba para captação e devolução de água nos canais.

No domínio literário, e mais genericamente artístico, o exercício da analogia direta corre o risco de se transformar em cópia, plágio ou paráfrase. A analogia como um procedimento narrativo, um estilo ou uma estrutura de texto supera o plágio se o autor souber transformar o conteúdo formal para exprimir suas próprias idéias. Nessa condição, certos processos analógicos merecem fazer parte de nossa caixa de ferramentas: a imitação, a paródia, o pastiche.

A imitação não é cópia ou falsificação quando emprega traços característicos de uma obra ou procedimento para favorecer a expressão de idéias. É o caminho usado na aprendizagem de qualquer meio de expressão, até que o aprendiz saiba como se manifestar com autonomia.

A paródia e o pastiche são duas formas especiais de imitação, nas quais o autor escolhe ampliar, distorcer ou caricaturar as formas distintivas de uma obra.

## Aproximações

Fazer aproximações que evoquem o original consiste em substituir todas ou algumas das características do objeto por imagens que o ilustrem ou simplifiquem sua representação. Isso em geral nos ajuda a melhor compreender o tema e encontrar soluções. Este tipo de analogia apóia-se em características concretas que buscamos abstrair e generalizar, e permite conceber metáforas e símbolos. Etimologicamente o "symbolus", do grego *symbolon*, era um objeto cortado em dois, que constituía um signo de reconhecimento quando os que os carregavam juntavam os dois pedaços. Reconhecemos, em ambos os casos, os esforços de ambos os hemisférios cerebrais para tratar simultaneamente palavras e conceitos, imagens e fatos, sínteses e detalhes.

### As metáforas

Na etimologia grega, metáfora significa a transposição de um termo concreto para um contexto abstrato, ou comparação por imagens. Graças a seu caráter duplo, aparece simultaneamente sob uma forma lógico-argumentativa (lado esquerdo do cérebro) e como uma síntese intuitiva e evocadora (lado direito do cérebro), facilitando, dessa forma, o diálogo entre os dois hemisférios cerebrais. Etimologicamente, as metáforas nos transportam "para além" da significação própria de uma palavra ou conceito. Empregam, portanto, "atalhos" em nosso pensamento e podem ser utilizadas ao mesmo tempo por seu alcance pedagógico e seu valor heurístico.

A função pedagógica da metáfora é evidente. Mesmo que seu caráter aproximativo cause desaprovação em especialistas, a metáfora torna com freqüência inteligíveis fenômenos complexos. Ela permite descrever um conceito ou um mecanismo novo ou difícil de perceber por meio da representação de um fenômeno conhecido. Isto é o que ocorre particularmente no campo científico, em que o vocabulário e os conceitos parecem com freqüência enigmáticos ou sofisticados.

"Jogar" metáforas permite ao pensamento seguir um fio, desenrolá-lo ou prolongá-lo em direção à descoberta de analogias fecundas. Assim, a metáfora, ao instaurar novas relações entre as coisas, permite que o assunto seja visto sob um novo ângulo. É necessário, todavia, saber decodificá-la para obter uma resposta à questão de pesquisa, sendo conveniente responder da melhor forma às questões:

- Por que os dois objetos (situações, procedimentos, conceitos) se parecem? O que nos faz pensar em um quando pensamos no outro? Que pontos têm em comum?
- Como poderiam diferir sobre tal característica? Em que podem ser diferentes? O que acontecerá se mudarmos a característica comum? Obteremos um terceiro objeto, em nada relacionado aos precedentes?
- Como podemos associá-los?
- O que ocorrerá se substituirmos dois atributos? E se colocarmos juntas características não comuns?

### "Arder de paixão"

**Metáforas na retórica**

A retórica, a literatura e a poesia constituem um campo privilegiado para o exercício da expressão metafórica. Eis aqui alguns exemplos:

"As metáforas amorosas recorrem ao tema do fogo. No início, alguém desperta uma chama em nós, depois ardemos por alguém, depois somos tomados pelo fogo da paixão, consumimo-nos de paixão". (Maurice Jeanneret)

Gíria: caiu a ficha; vestiu o paletó de madeira; fala feito uma matraca.

Geografia: a cidade luz (Paris); a cidade eterna (Roma); a cidade maravilhosa (Rio de Janeiro).

São metáforas as expressões do tipo: cabelos dourados como o sol, lábios de mel, olhos de aço.

**Metáforas científicas**

O astrofísico Hubert Reeves recorre com freqüência às metáforas pedagógicas para ajudar o grande público a familiarizar-se com as noções complexas de

*(continua)*

### "Arder de paixão" *(continuação)*

sua disciplina: matéria, antimatéria, quarks etc. Sob sua pena, e graças a metáforas brilhantes, a história do surgimento do universo se torna um romance acessível a todos. Ele propõe uma metáfora para explicar seu itinerário: "Utilizo a estratégia de pistas verdes e vermelhas muito familiar aos esquiadores dos Alpes. O leitor pouco familiarizado com a linguagem matemática pode se contentar com a pista verde (...), enquanto que as proposições são discutidas mais profundamente nas pistas vermelhas, balizadas pelo sinal '!' na margem" (*O primeiro segundo, últimas notícias do cosmo*, Lisboa, Gradiva, 1996).

## Os símbolos

Símbolos são usados para representar um objeto sob forma emblemática, de modo a tornar evidente sua "essência", ou seja, a abstração conceitual ou espiritual de seus atributos físicos. As técnicas criativas que utilizam esta prática procuram em geral reduzir o problema ou circunscrevê-lo melhor.

### Passeio em Marte

Em 4 de julho de 1997, o robô Sojourner se desprendeu da sonda Pathfinder, de menos de 4 m², e pousou as seis rodas na região de Ares Vallis, no planeta Marte.
Se a epopéia do robô permitiu enviar à Nasa e ao resto do mundo fotos inéditas do planeta, o procedimento de aterrissagem (poderíamos dizer "amartissagem"?) da sonda foi também particularmente original.
Os engenheiros conceberam as últimas etapas da chegada da Pathfinder a partir da analogia do ricochetear de uma bola. A idéia básica era simples: se a sonda "pousasse" da forma tradicional, correria o risco de se chocar contra o solo muito rapidamente, dada sua massa e velocidade. O ideal seria que ela "pulasse", para que a queda fosse amortizada em vários impactos. A metáfora da bola permitiu aos técnicos refletir sobre uma nova forma de estabilizar a sonda em Marte.
A sonda terminou, assim, sua descida em queda livre protegida por quatro estruturas de 5 metros de comprimento, compostas de seis balões que funcionavam como *airbags*. Esta solução foi imaginada após o abandono de dispositivos tradicionais e complexos, considerados caros e pesados. Em vez de limitar sua análise às tecnologias habituais, os pesquisadores quiseram reduzir as conseqüências negativas da queda da sonda de 280 kg. A Pathfinder enviou informações sobre os 15 saltos que deu até parar e deixar deslizar sobre Marte o robô fotógrafo.

# LIBERTANDO A IMAGINAÇÃO

A analogia fantástica apela para as "profundezas" de nosso potencial de ideação. Consiste em estabelecer elos entre elementos que, do ponto de vista racional, não têm nada em comum. Encontramos essa idéia no projeto dos surrealistas, publicado por André Breton na forma de Manifesto em 1924, que recomendava recorrer ao "ditado do pensamento, sem controle exercido pela razão, sem preocupação estética e moral".

A analogia fantástica se assemelha à associação forçada: a imaginação é instigada a fazer uma aproximação incomum, o que torna sua utilização tão fértil quanto delicada: aconselhamos reservar esta técnica para pessoas de mente aberta e já habituadas a esforços criativos.

No plano prático, podemos recorrer a dois instrumentos que facilitam a técnica: a varinha mágica e o marciano.

**A varinha mágica**

Suponhamos que o caso estudado já tenha sido resolvido. Para isso imaginamos que uma fada usou sua varinha mágica. O princípio é explicar como ela procedeu. Por analogia, podemos reconstituir os passos da fada, retomando cada uma das etapas e buscando soluções cada vez que os poderes "mágicos" da fada tenham sido invocados.

**O marciano**

Trata-se de explicar a situação ou o caso a ser resolvido a um marciano, que compreende nossa língua mas que encontra dificuldades em todas as explicações conceituais. Cada etapa da explicação merece, então, ser tratada respondendo à questão: "Como concretamente?". Ao retomar todas as explicações, redigimos então um inventário prático dos pontos que podem ou devem ser transformados.

# IDENTIFICANDO-SE COM A SITUAÇÃO

A analogia pessoal repousa sobre o fenômeno da identificação do pesquisador com o seu problema.

**IDENTIFICAÇÃO**

- Arquimedes, que "se torna" a coroa quando entra na banheira.
- O engenheiro que descreve a seus colegas suas sensações enquanto "pistão" de um motor.

Os procedimentos que o pesquisador utiliza para "entrar na pele" de seu problema assemelham-se às técnicas oníricas que abordaremos no capítulo seguinte.

**Criar por analogia pessoal**

Tente imaginar diferentes maneiras de melhorar um brinquedo para criança (por exemplo um brinquedo de puxar) colocando-se no lugar da criança, do cordão ou do objeto.

# Parte III

# Como criar em grupo

# ETAPAS PARA CRIAR EM GRUPO

Já vimos que a criatividade é um processo que exige uma boa definição do objeto de investigação. O modelo META, descrito no Capítulo 3, pode nos ajudar a construir um quadro de referências partilhado pelo grupo das pessoas mobilizadas pelo tema de pesquisa. As ferramentas apresentadas na segunda parte desta obra ajudam a produzir idéias, agrupar os elementos de uma questão como num quebra-cabeça, e encontrar analogias entre uma situação problemática e um caso já resolvido. Estas técnicas podem ser utilizadas como inspiração ou podem ser rigorosamente seguidas, permitindo a cada um encontrar novos rumos de investigação.

A terceira parte desta obra nos convida a organizar de forma concreta uma sessão de criatividade em grupo. As situações profissionais e sociais requerem, freqüentemente, um esforço coletivo para avaliar os riscos de uma situação e propor ações concretas, projetos finalizados, novas idéias para aperfeiçoar uma manifestação ou uma maneira de trabalhar. Desejamos dar alguns conselhos concretos para conduzir este tipo de abordagem, desde o momento em que o tema de pesquisa é proposto.

A forma mais clássica de criatividade em grupo é a reunião. Todos os participantes são convidados a refletir juntos a fim de produzir idéias que visam transformar ou melhorar um dado sistema. Como na criatividade individual, o grupo de trabalho se empenha num processo em várias etapas, que podem ser resumidas por um duplo movimento: divergência e depois convergência. Propomos então estruturar estes dois grandes momentos em seis fases: Estimulação, Produção, Análise, Seleção, Implantação e Avaliação. Cada inicial dessas seis noções forma o nome do nosso método, batizado EPASIA.

## Divergência e depois convergência

Como já mencionamos nos capítulos precedentes, nosso pensamento criativo é a sucessão de dois grandes momentos:

- A **divergência**, que considera a situação sob o maior número de ângulos possível ou visa produzir idéias em todas as direções. Neste momento, a quantidade é preferível à qualidade, o grupo deve abrir a mente e todas as opiniões devem ser expressas a fim de alargar ao máximo o campo das proposições. O inimigo da divergência é a censura, pessoal ou coletiva, consciente ou inconsciente, que coloca grilhões na expressão do grupo. As tensões podem inibir aqui a produção de idéias originais

- A **convergência**, que permite sintetizar, reunir, comparar e selecionar o que foi proposto durante a divergência, de modo que o grupo atenha-se a algumas idéias essenciais e chegue a uma proposta ou um plano de ação concreto, hierarquizado e realista. É o momento de reintroduzir a racionalidade, elemento decisivo para formalizar e comunicar as idéias que emergiram durante a fase precedente.

## Um método em seis etapas

Para facilitar a organização e a condução desses dois grandes momentos, propomos nomear as seis fases do método EPASIA, que podem ser seguidas de maneira consecutiva para estruturar o trabalho de um grupo.

Essas etapas são aplicáveis também no desenvolvimento de um trabalho individual. Neste caso, a aplicação é simplificada, visto que o participante (sozinho, por definição) é também seu próprio mediador e secretário! A organização fica mais leve, mas a produção será certamente menos rica.

Estas seis fases podem ser resumidas pelo esquema a seguir e retratam o plano geral desse tipo de reunião, podendo constituir também um roteiro para as etapas da produção individual.

**Método EPASIA**

| | | | |
|---|---|---|---|
| **Divergência** | **E** | **Estimulação** | • exercitar uma atitude positiva<br>• mobilizar o interesse do grupo |
| | **P** | **Produção** | • propor idéias em quantidade<br>• exprimir-se com confiança |
| | **A** | **Análise** | • revirar as idéias apresentadas<br>• elaborar idéias originais |
| **Convergência** | **S** | **Seleção** | • valorizar as idéias pertinentes<br>• hierarquizar racionalmente |
| | **I** | **Implantação** | • descrever o contexto de aplicação<br>• montar o plano de ação |
| | **A** | **Avaliação** | • avaliar a qualidade das proposições<br>• escrever o projeto |

Para colocar em prática uma seqüência completa, é preciso que a mediação tenha êxito no plano material e psicológico. Forneceremos, no Capítulo 7, uma série de conselhos para montar um grupo e definir o papel dos participantes (mediador, secretário, colegas de equipe), descrevendo também alguns princípios de organização prática. Poderemos então encarar cada uma dessas etapas que permitem fazer brotar as idéias (Capítulo 8), depois dar-lhes vida (Capítulo 9) sob a forma de um plano de ação estruturado, pronto para ser utilizado.

# ORGANIZAÇÃO DE UM GRUPO DE TRABALHO

A criatividade é, já o dissemos, a forma de realizar um potencial individual ou coletivo a serviço da produção de idéias novas e eficazes.

A prática das técnicas já citadas permite a descoberta do nosso próprio potencial de ideação, assim como as formas nas quais sentimo-nos mais à vontade para as reflexões pessoais. No caso do processo criativo individual, em geral passamos pelas etapas: percepção da situação, identificação de um problema a ser resolvido, produção de idéias, avaliação, escolha e implantação.

As quatro fases descobertas por J. Wallas (veja o Capítulo 1), ou seja, preparação, incubação, iluminação e verificação, precisam corresponder a momentos específicos quando decidimos organizar formalmente uma seqüência de criatividade. Isto é ainda mais importante no contexto de uma equipe, em que a familiaridade com as técnicas e os conceitos a ser utilizados raramente é partilhada por todos.

Seja num contexto de busca do caminho pessoal, seja de elaboração em grupo, a decisão de propor um método criativo demanda muita energia. Sendo assim, organizar uma reunião ou uma reflexão para produzir idéias exige certas precauções. Com freqüência, é necessário preparar as condições psicológicas e materiais apropriadas para o trabalho criativo.

## O GRUPO DE TRABALHO

Partimos da hipótese mais freqüente de uma reunião profissional, associativa, familiar ou entre amigos, na qual se deseja a participação dos presentes para produzir idéias destinadas a um projeto em comum.

### POR QUE TRABALHAR EM GRUPO

Além do fato de que se trata freqüentemente de uma necessidade, o trabalho em grupo multiplica as probabilidades de formulação de idéias originais e eficazes. Mesmo sabendo que uma dada idéia nasce de um único cérebro num determinado instante, o fato de confrontar e partilhar as idéias permite alargar o espectro individual das percepções e aumentar os estímulos intelectuais e afetivos que alimentam a produção de idéias.

Ao fazer pesquisas sobre esse tema, o psicólogo Thomas Bouchard estabeleceu, no início dos anos 1970, que a qualidade da produção dependia sobretudo da composição do grupo. Para o pesquisador, o grupo ultrapassa o indivíduo quando é composto por especialistas de diversas disciplinas, o que permite tornar as trocas mais férteis.

**O perfil do grupo**

O modelo de N. Herrmann, que apresentamos no Capítulo 2, permite descrever a criatividade do grupo como um processo que utiliza o "cérebro total". Cada uma das fases (preparação, incubação, iluminação etc.) baseia-se em um ou dois tipos de "preferências cerebrais" e corresponde a um estilo criativo.

Quanto mais complementares forem os participantes, mais fácil e útil será a ideação do grupo. Tomemos alguns exemplos de grupos definidos pelos perfis individuais dos participantes.

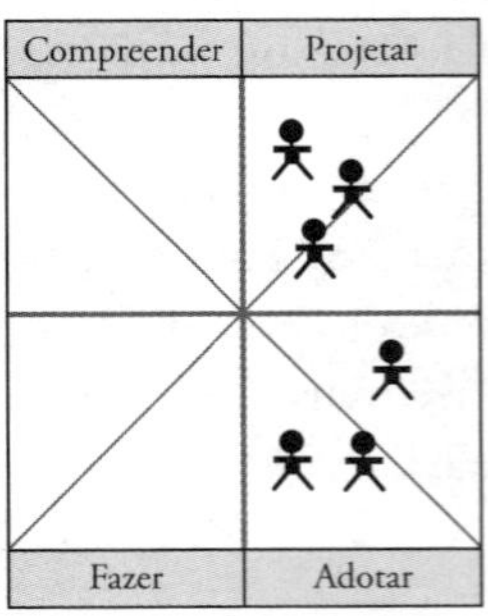


**Grupo com "lado direito do cérebro"**

Este grupo funciona sobre bases essencialmente intuitivas. A comunicação interpessoal é importante e as idéias são originais mas pouco elaboradas. O grupo pode rapidamente perder de vista o tema proposto e apresentar soluções inéditas em muitas direções.

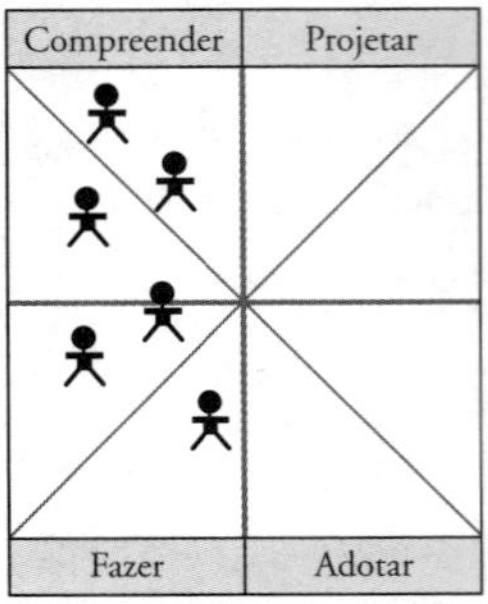


**Grupo com "lado esquerdo do cérebro"**

Este grupo funciona sobre bases essencialmente racionais. As pessoas buscam solucionar o problema com método, privilegiando ferramentas científicas e ordenadas.

O grupo corre o risco de limitar o campo das soluções possíveis, mas pode propor idéias valiosas.

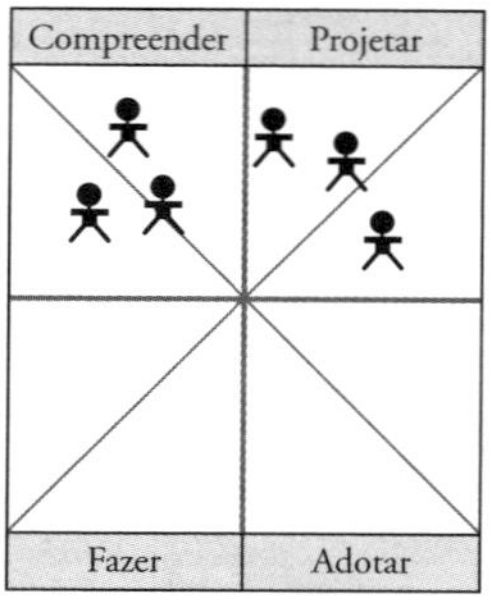


## Grupo "cortical"

As idéias propostas por este grupo são aparentemente brilhantes e argumentadas de forma original. Elas se limitam, todavia, a alguns eixos de reflexão e correm o risco de parecer muito genéricas ou abstratas, devido à falta de elaboração e de bases concretas.

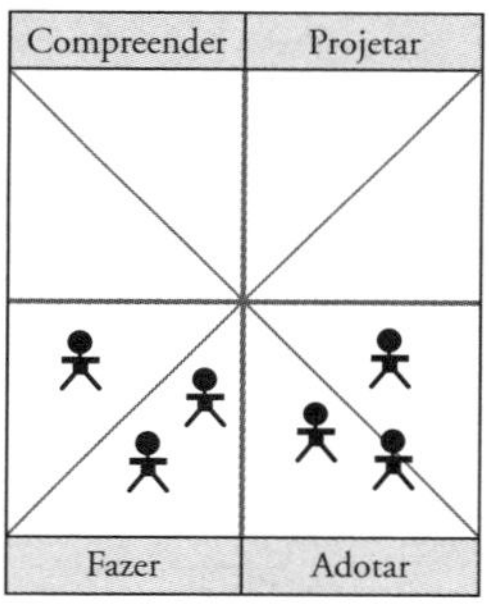


## Grupo "límbico"

Neste grupo as proposições são ao mesmo tempo sedutoras e concretas. Elas simplificam o problema com respostas estruturadas, aceitáveis por todos. No entanto, as proposições podem ter falta de amplitude ou de pertinência em relação ao contexto original, e parecer estereotipadas.

## Grupo com "cérebro total"

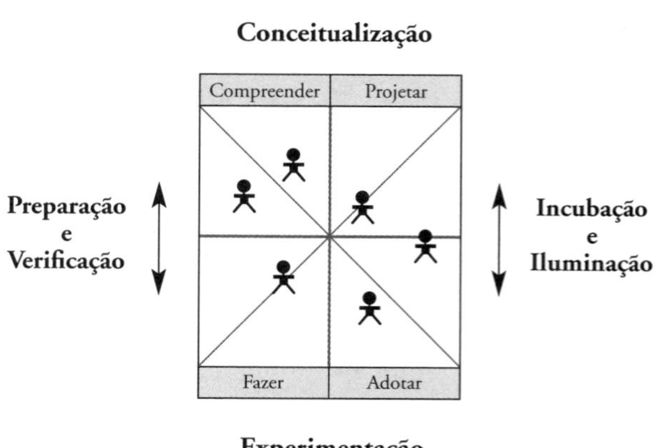


À custa de um trabalho recíproco, este grupo pode chegar a soluções ao mesmo tempo operacionais e originais.

Isso, entretanto, talvez ocorra num contexto de conflitos, e o grupo pode gastar tempo e energia em debates distanciados do tema em questão.

Qualquer que seja a configuração do grupo, há uma gama de limites que fazem da criatividade com cérebro total uma empreitada tão necessária quanto delicada. Citaremos alguns comportamentos individuais típicos que observamos em diferentes grupos de trabalho, classificando-os por predomínio do uso das partes do cérebro.

**Inventário dos limites**

| **Cortical esquerdo predominante** | **Cortical direito predominante** |
|---|---|
| • Dificuldade de validar idéias não quantificáveis.<br>• Evita representações aproximativas.<br>• Corre o risco de propor apenas idéias já verificadas. | • Incapacidade de hierarquizar as prioridades.<br>• Dificuldades para elaborar idéias.<br>• Conceitualização excessiva de soluções. |
| **Límbico esquerdo predominante** | **Límbico direito predominante** |
| • Perde-se em detalhes.<br>• Execução estrita das regras.<br>• Dificuldade em fugir das normas. | • Medo da opinião alheia.<br>• Sentimento de não ser escutado.<br>• Dificuldade em superar os ressentimentos, o "gosto / não gosto". |

O quadro acima mostra que **não existe perfil individual ideal.** Assim, as pessoas que obtêm um perfil quadrado são capazes de:

- escutar uma vasta gama de pontos de vista;
- sintetizar esses pontos de vista e avaliar os riscos;
- compreender as ramificações do problema;
- experimentar soluções de forma sistemática.

Ao mesmo tempo, demonstram dificuldades para:

- exprimir uma idéia pessoal ou tomar uma decisão radical e solitária, com medo de ofender alguém;
- assumir riscos para renovar um produto ou processo que funcione;
- validar uma demonstração em detrimento de outra, em nome da relatividade dos pontos de vista apresentados;
- respeitar uma regra sem tentar ao mesmo tempo reelaborá-la ou contorná-la.

As "tensões diagonais" do perfil quadrado tendem a manter a pessoa ou o grupo num estado de equilíbrio excessivo: a inércia.

No caso da criatividade em grupo, a situação mais confortável nem sempre é a mais eficaz. Notamos que os grupos constituídos por personalidades de mesmo perfil podem sentir-se mais à vontade (quadrante "adotar") ou compreender-se melhor (quadrante "compreender"), delirar ainda mais (quadrante "projetar") ou se organizar melhor (quadrante "fazer"). Mas ao mesmo tempo esta configuração homogênea priva o grupo de encarar a sessão de criatividade como um processo que exige o conjunto dessas qualidades, dependendo da fase em que se está (estimulação, produção, implantação etc.).

Concluindo, concordamos com Ned Herrmann quanto ao fato de que a composição de grupo mais eficaz é a que sabe ligar competências e temperamentos distintos. O perfil do grupo mais adaptado é, portanto, o que favorece as trocas entre todos os tipos de personalidade.

## A COMPOSIÇÃO DO GRUPO DE CRIATIVIDADE

É importante que o grupo constituído possa trabalhar ao longo das três etapas consecutivas da fase de divergência (E, P, A) ou de convergência (S, I, A), e seria uma pena introduzir um corte em outro momento.

Os pesquisadores e pedagogos que experimentaram configurações muito diferentes concordam que o tamanho ideal do grupo fica entre sete e dez pessoas, incluindo o mediador. A composição do grupo é mais problemática: muitas experiências foram feitas com resultados contraditórios. Não existe, portanto, um método universal para reunir participantes, mas algumas indicações facilitam o trabalho. Em outras palavras, a responsabilidade do mediador é decisiva e a reunião precisa ser preparada muito tempo antes.

Algumas regras simples devem ser usadas para guiar o organizador que deseja agrupar os participantes:

- Os participantes devem estar interessados no assunto. É importante que exista uma afinidade entre o participante e o objeto de estudo, mesmo que o grau de interesse seja difícil de avaliar, como curiosidade geral ou interesse profissional.

Todavia, não é necessário que os participantes tenham conhecimentos acadêmicos ou uma grande experiência no assunto para participar das três primeiras fases do método. Igualmente, um envolvimento muito grande dos participantes com o assunto pode comprometer a produção de idéias e favorecer a ativação de mecanismos de censura individual e coletiva. Daí por que com freqüência aconselhamos o condutor do assunto (o "propositor do problema") a não se envolver diretamente durante as três primeiras fases da seqüência.

- O grupo constituído deve ser liberado de constrangimentos de amizade ou hierárquicos. É recomendável não tornar a participação neste tipo de reunião obrigatória, a fim de facilitar a fase de expressão de idéias.
- Os participantes devem, na medida do possível, pertencer à mesma geração (no máximo, 25 anos de diferença entre eles) e ter preocupações em comum. Os grupos com forte disparidade social, cultural e econômica são muito mais difíceis de mediar, pois o campo de referências comuns é muito limitado. Da mesma forma, a produção de idéias por um grupo composto de especialistas no assunto ou de pessoas que se conhecem muito bem corre o risco de ficar reduzida. Acrescentamos que os participantes não devem ter idéias preconcebidas sobre os outros membros do grupo. É particularmente arriscado fazer participar pessoas que têm o hábito de se desentenderem.
- Pode ser interessante fazer um anônimo participar da sessão, ou seja, alguém que concorde em participar do(s) jogo(s) sem ter conhecimento sobre o assunto nem sobre os riscos do problema. O mediador deverá cuidar para que esta pessoa participe na mesma proporção dos outros, sem supervalorizar suas propostas nem as denegrir.
- É necessário, por fim, evitar que o mediador seja o próprio o condutor. Este último deve manter uma certa neutralidade em relação às proposições feitas ao longo do trabalho; seu envolvimento durante as três primeiras etapas pode influir na produção de idéias em direção a soluções preconcebidas por ele próprio.

**Em resumo**
A composição do grupo corresponde a uma dosagem equilibrada entre motivações em comum, gosto pelo tema da pesquisa ou pelo método de produção e abertura para o diálogo e o bom humor.

## As condições materiais

O bom-senso indica que:

- É preferível que as pessoas se encontrem num local diferente de onde sempre trabalham e que seja apropriado para uma reunião criativa. Em outras palavras, deverão ser evitados os locais habituais, como restaurante da empresa, sala de reuniões, escritórios, e escolhidos cenários que favoreçam a serenidade (ar livre, hotel, sítio) ou incomuns (sala de reunião de uma outra empresa, pátio da escola etc.).

- É necessário fixar com clareza os horários de começo e fim da reunião, reservando um dia inteiro para a mediação das três primeiras etapas, se as condições materiais o permitirem (com, por exemplo, uma refeição entre a produção e a análise), ou metade do dia se o tempo for limitado. É bom levar em conta que o trabalho se torna cansativo na fase de análise produtiva.
- As regras do encontro devem ser confirmadas por escrito, mas a apresentação do assunto mantida neutra, sem jargões técnicos nem detalhes do método utilizado.

A mediação funcionará melhor se for planejada por escrito, para que as etapas se sucedam de maneira fluida qualquer que seja o desenrolar real da seqüência.

Se o grupo utilizar nosso método, podemos programar o trabalho segundo várias modalidades:

*1 – Seminário de um dia inteiro*

Neste caso, a aplicação do método EPASIA se desenvolve ao longo de um dia, segundo a programação seguinte:

| | | |
|---|---|---|
| • Recebimento dos participantes: | | 30 minutos |
| • Estímulo: | Apresentação do tema;<br>Exercícios de aquecimento. | 1 hora |
| • Produção: | Regras do jogo;<br>Organização de um *brainstorming*. | 1 hora |
| • Análise produtiva (1): | Apresentação dos princípios e ferramentas, exemplos. | 30 minutos |

O grupo pode aproveitar e fazer uma pausa para o almoço, que corresponde ao período de incubação.

| | | |
|---|---|---|
| • Análise produtiva (2): | Retomada em grupo, aquecimento;<br>Elaboração de idéias. | 2 horas |
| • Seleção: | Triagem das idéias e votação. | 1 hora |
| • Aplicação: | Redação das fichas-idéias. | 1 hora |
| • Avaliação: | Conclusão do encontro;<br>Apresentação das idéias extraídas. | 30 minutos |

Este programa foi concebido com base numa série de pressupostos:

- Os participantes descobrem os métodos passo a passo e aplicam as ferramentas pela primeira vez, o que supõe que o mediador tenha preparado a reunião com a ajuda de suportes pedagógicos.
- O tema de pesquisa está claramente delimitado e já foi feito um primeiro levantamento, por exemplo, com a ajuda do método META.
- Um trabalho complementar deverá ser conduzido pelos organizadores e/ou mediador, para ordenar as idéias em forma de plano de ação operacional a partir das anotações feitas durante o dia.

*2 – Seminário em dois tempos*

Também é possível conceber o mesmo programa em dois meios-períodos ou duas noites, com o mesmo grupo ou dois grupos diferentes. Será necessário conduzir duas estimulações, uma no início de cada sessão, se não forem as mesmas pessoas a participar dos dois encontros. O interessante neste formato é que deixa tempo bastante aos participantes entre as sessões para "decantar" o assunto.

*3 – Expresso*

Para pessoas treinadas ou que têm o hábito de trabalhar utilizando as ferramentas apresentadas, pode-se condensar o conjunto das duas sessões em meio-período de trabalho. Neste caso, a maior parte do tempo será dedicada à análise produtiva, à seleção e à redação das fichas-idéias para facilitar o trabalho ulterior de organização.

# MEDIAÇÃO DA REUNIÃO

Depois de selecionar o grupo, aconselhamos o mediador a apresentar o plano de trabalho aos participantes e proceder a partir do seguinte esquema.

## APRESENTAÇÃO DA REUNIÃO

**Acolhida**

Para facilitar a comunicação entre os participantes, o mediador terá preparado crachás com os nomes se as pessoas não se conhecem. Se o contexto o permitir, é preferível realçar os prenomes (deixando os sobrenomes em letras menores) e evitar a menção de títulos, cargos ou profissões.

A acolhida consiste em desejar as boas-vindas aos participantes e agradecer-lhes pelo esforço de se reunirem para trabalhar em conjunto.

**Apresentação dos participantes**
O mediador deve definir seu papel em poucas palavras e deixar que os participantes se apresentem de forma breve (limitar a expressão a um minuto por pessoa). Ele deve insistir sobre a complementaridade das pessoas presentes e o interesse comum que partilham, dependendo do assunto tratado.

**Definição dos objetivos**
O mediador deve indicar os objetivos almejados e valorizar o interesse de partilhar as competências ou talentos distintos para que o assunto seja resolvido.

Aconselha-se, todavia, limitar essa apresentação a fatos gerais, em vez de propor diretamente o problema. É preferível lembrar que o encontro abordará, por exemplo, a participação dos sócios na vida do clube, os gostos das pessoas que freqüentam as boates ou que colecionam carros antigos, do que colocar em evidência as características puramente problemáticas.

Pode ser interessante fazer num quadro ou numa folha de papel um acompanhamento da reunião, assinalando os três momentos de divergência sob a forma: apresentação, reflexão, proposições comuns.

**Apresentação do método adotado**
A mediador indicará simplesmente que preparou a reunião sob a forma de jogos inspirados em técnicas de criatividade para permitir que todos se expressem. Deverá indicar que ele espera sobretudo proposições originais, até mesmo fantasiosas, e preparar o grupo para a idéia de que a quantidade interessa mais do que a qualidade.

**Início da reunião**
Antes de passar ao primeiro jogo, é aconselhável confirmar se os participantes estão de acordo com o método do programa e responder às dúvidas que eles porventura tenham.

## A CONDUÇÃO DA REUNIÃO

O papel do mediador é decisivo: o êxito da experiência depende em grande parte de sua capacidade de suscitar proposições durante cerca de 40 minutos, mantendo um ritmo constante. Para facilitar esse trabalho, propomos uma série de dicas.

Mesmo podendo ele próprio participar da expressão de idéias, sugerindo novas abordagens, enriquecendo e transformando as idéias emitidas pelos outros, o mediador é antes de tudo o guardião das regras de *brainstorming* (veja Capítulo 5). Sugerimos que escreva num quadro as quatro regras eapresentadas por A. Osborn e retomadas por Hubert Jaoui sob a forma CQFD (veja página 92). Ao apresentar a regra do jogo, deve deixar claro que todas as proposições, não importa quais sejam, são aceitáveis, e que é proibido contestar a validade das idéias expostas pelos outros. Os que desejarem fazê-lo poderão simplesmente expressar uma outra idéia, mesmo que diametralmente oposta.

O mediador, dessa forma, impõe o ritmo da produção de idéias.

**Preparação das questões iniciais**

O mediador deve ter preparado uma série de fichas que ele coloca no bolso com questões que instiguem o começo do processo. Estas questões, genéricas ou com exemplos fantasiosos, são utilizadas para provocar ou reiniciar a produção de idéias caso o grupo se esgote e perca o ritmo.

### Questões instigadoras

Um clube procura melhorar o envolvimento dos sócios na organização da assembléia geral anual. O mediador preparou uma série de questões que lança ao acaso, do tipo:

- Um anjo da guarda organiza a assembléia em nosso lugar certa noite. O que ele prepara?
- A assembléia torna-se um verdadeiro pesadelo. O que se passa?
- A assembléia reunida se levanta e irrompe em aplausos. Por que, segundo você?

**Repetição e encorajamento**

A cada idéia emitida, o mediador deve repetir o que acabou de ser dito, validar a proposição e acrescentar uma mensagem positiva. Para manter os efeitos da estimulação, pode imitar ou ilustrar a idéia, sempre se mostrando entusiasmado. O que interessa no método é:

- fazer com que o grupo ouça e se aproprie de cada idéia por meio da repetição;
- mostrar que todas as idéias são aceitas e até mesmo reconhecidas para encorajar os mais tímidos a se expressar;
- manter o bom humor durante a sessão;
- facilitar o trabalho do secretário, que assim poderá tomar notas mais comodamente.

**Abertura de muitos caminhos**

A expressão costuma fluir no contexto da produção: os participantes facilmente têm idéias para descrever, detalhar ou se exprimir sobre um dado tema. O mediador deve estar atento para explorar diferentes caminhos, em vez de tentar desenvolver todas as sugestões sobre um só tema. Conseqüentemente, deve rebater as idéias emitidas para deslocar a reflexão em direção a novas proposições. Para isso, pode ampliar, reduzir, transformar, inverter, ilustrar as idéias. Quando o mediador tiver a impressão de que uma fonte de inspiração está se esgotando, deve sugerir aprofundar uma idéia partindo de um detalhe, de um contrário ou de uma enumeração.

**INCENTIVO**

No caso da organização da assembléia geral, observe como o mediador incentiva a livre expressão:

**Mediador:** Tudo dá errado. Como o sabemos?

**Participante:** As pessoas bocejam.

**M.:** Certo, todo mundo boceja, adormece, muito bem!

**P.:** Os do fundo da sala se salvam ao sair correndo.

**M.:** Isso! Todos se salvam... Bem, e para onde é que eles vão?

**P.:** À praia.

**P.:** Ao cinema.

**P.:** Vão dormir no hotel.

**M.:** Bem, eles vão à praia, ao cinema, dormir no hotel... Quais são os lugares onde em geral costumamos nos aborrecer?

**P.:** No elevador.

**M.:** Certo, ficamos aborrecidos no elevador. Onde mais?

O mediador pode também pedir ao secretário da sessão que releia as cinco ou seis últimas proposições a fim de encontrar novas questões e sugerir novas abordagens aos participantes.

# SESSÃO DE TRABALHO

## O PAPEL DO SECRETÁRIO

Uma pessoa é designada para anotar as proposições exprimidas. É importante transcrever todas as idéias, caso contrário uma censura disfarçada pode vir à tona. Para isso, o secretário prepara uma série de folhas numerando as linhas (exemplo: por dezenas, e ilustrando as outras linhas com traços). Ele anota o conjunto das proposições e, com um asterisco, indica as questões do mediador.

Desaconselhamos a utilização de meios audiovisuais como gravador ou filmadora nesta fase, pois seu caráter intimidador coloca em risco a livre expressão dos participantes.

O secretário pode também propor suas idéias e participar do trabalho coletivo. Pode intervir para ler as últimas sugestões emitidas ou fazer diminuir o ritmo da produção por alguns instantes para transcrever todas as idéias.

## O PAPEL DOS PARTICIPANTES

São os produtores de idéias. Seu papel é propor o máximo de idéias sem se preocupar com a coerência imediata. Devem escutar as sugestões dos outros e rebatê-las, exprimindo-se de forma breve (frases de dez palavras em média) e fugindo de exposições densas.

O mediador pode interromper um participante muito prolixo realçando, por exemplo, algumas palavras de sua intervenção e pedindo ao resto do grupo para destrinchar a idéia.

Ao final desta fase de produção de idéias, os resultados variam muito. Podemos, todavia, esperar um registro de 250 a 400 sugestões brutas se a seqüência for mediada de forma adequada.

# Capítulo 8

# FAZENDO BROTAR AS IDÉIAS

O grupo foi reunido e acolhido, o tema de pesquisa foi claramente exposto e agora o mediador pode tomar a palavra. O objetivo deste capítulo é detalhar cada uma das etapas que permite dar à luz idéias durante a fase de divergência. Esta contém, como vimos, uma fase de estimulação, uma fase de produção de idéias, depois uma fase de análise dessas mesmas idéias para torná-las ao mesmo tempo originais e elaboradas. O grupo deve manter em mente (graças aos conselhos do mediador) que a produção requerida é de início quantitativa, mesmo que as idéias se tornem cada vez mais elaboradas (qualidade daquilo que é expresso de forma concreta ou detalhada) ao longo do processo. Em geral, as idéias irão tomar forma mais concreta mesmo que seu ponto de partida seja distante.

## ESTIMULAÇÃO CRIATIVA

Já destacamos como é difícil entrar num processo criativo, por razões ligadas a nossos condicionamentos sociais e culturais: os hábitos, o medo de se enganar, a comodidade das explicações prontas para uso e toda uma gama de variáveis psicológicas nos incitam a preferir com mais freqüência os esquemas estáveis e estabelecidos às soluções originais e inesperadas.

### E DE ESTIMULAÇÃO

Partimos da hipótese de que a questão de pesquisa está corretamente formulada (principalmente em função dos princípios vistos no Capítulo 3). Em outras palavras, a pessoa e o grupo que se debruçam sobre um caso a resolver têm uma idéia clara dos riscos, das prioridades, dos critérios que podem intervir na decisão.

A etapa de estimulação permite precisamente ao grupo sair pouco a pouco desse conjunto de parâmetros (e com freqüência de regras) para se aquecer como um atleta antes da competição. Já falamos sobre o risco de encontrar soluções imediatas, convergentes, mas que têm o inconveniente de ser prematuras ou pouco originais.

A fase de estimulação consiste, portanto, em fixar o pano de fundo da reflexão que empreenderemos, para exercitar um novo olhar e atenuar os fenômenos de censura coletiva ou individual.

## TÉCNICAS DE MEDIAÇÃO

**Princípios gerais**

É importante lembrar aqui que a fase de estimulação visa a treinar o grupo para funcionar de forma diferente (divergência, produção quantitativa, ausência de censura etc.) das reuniões tradicionais. Por conseqüência, a ênfase é posta de início sobre a apropriação de um contexto de trabalho e não sobre um resultado. Ao menos uma hora em média deve ser dedicada a esta fase, desde a acolhida até o momento em que se passa à produção de idéias propriamente ditas, no caso de um grupo que se reúne pela primeira vez.

O mediador procura, portanto, propor uma seqüência (digamos um jogo) que coloque os participantes numa situação nova e que lhes dê uma primeira oportunidade de se exprimirem; trata-se de antecipar a seqüência do trabalho, mais do que uma tentativa de entrar diretamente no cerne do assunto para resolver a questão proposta pelo administrador.

A fase de estimulação permite, assim, ao grupo compreender pela experiência o que o mediador espera da reunião, e superar pouco a pouco os temores e inibições naturais que surgem num encontro em grupo.

### PROPOSIÇÕES DE CONSUMIDORES

Um grupo de consumidores foi reunido por um fabricante de automóveis para definir a gama de acessórios e serviços que será oferecida para um veículo de três portas de série limitada destinado a jovens. Após as etapas preliminares (acolhida, apresentação etc.), o mediador propõe um jogo. Ele indica: "O fabricante nos forneceu uma foto do modelo de carro que ele pretende comercializar daqui a algumas semanas. Estou encarregado de transmitir-lhe um relatório com todas as observações e proposições que vocês fizerem. Antes de apresentar a foto, insisto em dizer que vocês podem e devem exprimir-se de forma completamente livre sobre o assunto. Vou anotar todos os comentários, quaisquer que sejam. Tudo o que vocês dis-

(*continua*)

### AQUECIMENTO (*continuação*)

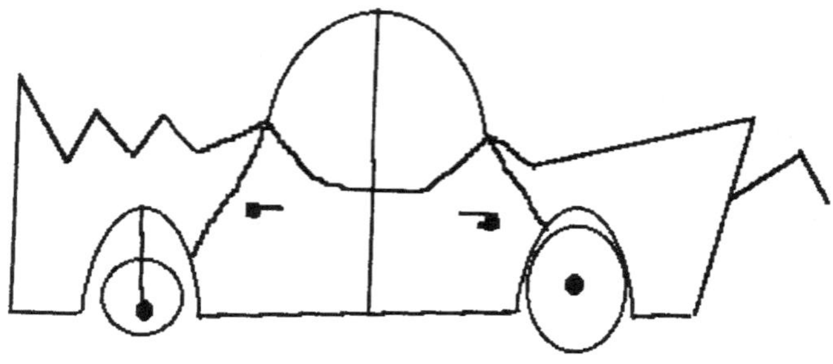

serem será, por definição, útil".

"Eis aqui o automóvel em questão. Reservaremos alguns minutos para anotar todas as observações ou proposições".

O mediador apresenta o desenho aos participantes e anota numa grande folha de papel branco colocada na parede: "Observações". As reações irrompem. O mediador valida todos os comentários, mesmo os extremamente negativos, e os anota na grande folha após tê-los repetido. "Certo, vou anotar: É necessário rever a concepção, muito bem. Algum outro comentário? (...) Bem, as rodas são curiosas. OK. Mais alguma coisa? Não vai agüentar na estrada. Visto, muito bem. O que mais? (...) A alça da parte traseira permite jogá-lo no lixo sem pensar. Bem notado! Obrigado, algo mais? (...) A alça da parte traseira permite também puxar o carro para estacioná-lo. OK!"

Após uns dez minutos, o mediador propõe fazer um balanço e parar:

• Valorização do trabalho efetuado: "Bem, em alguns minutos pudemos notar (ele conta) cerca de 40 idéias. O resultado é impressionante! Nosso fabricante vai ter bastante trabalho".

• Balanço da experiência: "Percebam um fenômeno muito interessante: a maioria das idéias malucas surgiu quase no final. Assim, durante os primeiros momentos, nós nos interessamos por aquilo que não ia bem e depois, a partir daqui, sentimos que os espíritos se aqueceram, e começamos a escrever as idéias divertidas e originais. É exatamente assim que é necessário proceder na próxima etapa. Nós partiremos de um outro tema, e proponho continuar anotando todas as idéias, mesmo as mais estapafúrdias. O que nos interessa nesta reunião é o NÚMERO de idéias: precisamos do maior número possível! Teremos bastante tempo para retrabalhá-las e selecioná-las mais adiante".

Os exercícios de treinamento propostos devem ser progressivos, a fim de explicar o método gradualmente e guiar o grupo com suavidade em direção ao tema.

**Exemplos de ferramentas**

Vejamos aqui algumas técnicas genéricas que podem ser adaptadas ao assunto tratado para ajudar no funcionamento do grupo.

*As manchetes de jornais*

Trata-se de imaginar o maior número de manchetes possível na primeira página de alguns jornais (*O Estado de S. Paulo*, *Folha de S.Paulo*, *Pasquim*, *Agora* etc.) referendo-se a um evento ligado àquele que está sendo tratado.

*A entrevista surrealista*

Divide-se o grupo em dois: metade dos participantes deve preparar individualmente uma série de cinco perguntas sobre um dado tema para uma entrevista. A outra metade prepara cinco respostas às questões que imaginam que serão feitas. Após alguns minutos (silenciosos, durante os quais todos estarão escrevendo), faremos coincidir (aos pares) a lista de perguntas, na ordem, e a lista de respostas, igualmente na ordem em que cada um a preparou.

*A oficina de contos*

O mediador preparou um chapéu com papeizinhos. Em cada um deles, escerveu uma palavra mais ou menos relacionada ao assunto. Um dos participantes pega um papel ao acaso, começa sua frase por "Era uma vez..." e utiliza a palavra que sorteou. Um após o outro, cada participante tira um papel e continua a história, com a ajuda das novas palavras sorteadas. O último conclui a história com "Moral da história..." seguida de uma fórmula que contenha a última palavra do chapéu.

*O desenho futurista*

Pede-se ao grupo (que pode ser repartido em dois subgrupos, segundo as circunstâncias) que represente ou desenhe sobre uma grande folha de papel sua visão de um dado assunto daqui a muitos anos, como o supermercado lá pelo ano de 2050, o turismo na segunda metade do século etc. O tema escolhido deve ter alguma relação com o assunto tratado. Cada subgrupo expõe a seguir sua obra aos outros participantes.

Qualquer que seja a técnica utilizada, o mediador deve saber tirar lições positivas da experiência e mostrar de que maneira o jogo permite avançar no processo criativo. Com este jogo aprendemos a nos conhecer melhor, podemos olhar uma questão de outro ângulo, ter idéias para tal assunto, produzir idéias de forma bem fluida.

# PRODUÇÃO DE IDÉIAS

## P DE PRODUÇÃO

Sempre em divergência, esta segunda fase (que não deve durar mais de uma hora) permite produzir o máximo de idéias. Ela apresenta vantagens imediatas:

- Corresponde a uma fase de "depuração", durante a qual as idéias, soluções e respostas mais evidentes são citadas e anotadas.
- Permite evocar proposições ou fórmulas que um trabalho qualitativo teria eliminado e construir pontes conscientes ou inconscientes entre as idéias e situações já conhecidas. Sob a aparência de "delírio", permite explorar o potencial de ideação e ampliar a percepção.
- Facilita, no contexto do trabalho em grupo, a expressão de idéias originais (com exceção do respeito a certas regras de mediação).

Ao final desta etapa, a pessoa ou o grupo está de posse de um material bruto e abundante que poderá ser utilizado na fase seguinte, mesmo se as idéias ainda parecerem impraticáveis, incompletas ou incongruentes.

Ao final desta fase de estimulação, o grupo de trabalho tem uma idéia geral do tema tratado e deve estar pronto para prosseguir na reflexão e produção de idéias em divergência, ou seja, sem se preocupar (pelo menos no momento) com sua aplicação prática.

## TÉCNICAS DE MEDIAÇÃO

O tema é introduzido sucintamente pelo mediador, sob a forma de uma questão de pesquisa. A formulação desta deve respeitar os critérios mencionados no Capítulo 3 da Parte I: ser positiva, plural, expressa em termos de ação e utilizar termos que favoreçam a apropriação.

O mediador não impõe mais nenhuma regra, de modo a facilitar a expressão de idéias nos domínios abertos pela questão. Aos eventuais detalhamentos pedidos pelo grupo, deve dar indicações mínimas e propor voltar ao exame de sugestões, regras e detalhes após a fase de produção propriamente dita. A resposta a essas interrogações pode ser formulada da seguinte maneira: "Nesse estágio de nosso trabalho, todas as respostas são possíveis, todas as sugestões bem-vindas: exprimam o que vocês percebem sobre este assunto".

Propõe em seguida consagrar no máximo 45 minutos para a expressão de todas as idéias que possam surgir. Como vimos no capítulo precedente, o mediador estabelece o ritmo da produção, encoraja os participantes, repete tudo o que é dito para facilitar o trabalho do secretário da sessão. Em caso de silêncio, procede à leitura das cinco últimas idéias expressas, recorre às questões instigantes, pede para detalharem um conceito, dá suas próprias idéias. Sua missão é ajudar o grupo de forma:

- fluida, para explorar todas as variações possíveis de uma mesma idéia;
- flexível, para alcançar diferentes registros;
- original, ao encorajar as proposições fantasiosas;
- clara, deixando que os participantes exprimam suas idéias brevemente, em uma ou duas frases.

Ao final desses 45 minutos, o grupo terá em mãos um material bruto, ou seja, uma lista de várias centenas de idéias (numeradas em grupos de dez) que cobrirão domínios muito heterogêneos seguindo caminhos completamente diferentes.

### Lista de idéias

Um grupo de consumidores foi reunido para refletir sobre os serviços que uma concessionária de automóveis poderia oferecer. Eis um trecho do levantamento das intervenções anotadas pelo secretário da sessão.

Questão instigadora: Se a concessionária quiser criar problemas, o que deverá fazer?

**49.** imobilizar o veículo por muito tempo
**50.** não emprestar veículos durante a imobilização
**51.** consertos muito caros
**52.** reparos de má qualidade
**53.** colocar açúcar no combustível
**54.** estragar o motor
**55.** não entregar o veículo
**56.** esvaziar o porta-malas
**57.** trocar os pneus
**58.** colocar pneus velhos
**59.** revender o veículo
**60.** trocar o veículo por um mais velho
**61.** esvaziar o tanque de combustível
**62.** não consertar e cobrar
**63.** dar um jeito para que uma peça se quebre
**64.** provocar panes em função do contrato
**65.** programar as panes
**66.** exigir pagamento adiantado
**67.** não fazer orçamento
**68.** de vez em quando furar os pneus
**69.** sabotar as baterias
**70.** desparafusar os freios para causar um acidente

Acreditamos que estas idéias não podem ser aplicadas nesse estado. Por isso a fase de análise produtiva permite em seguida encontrar idéias rearranjando aquelas que foram propostas na fase de produção.

# ENRIQUECIMENTO DAS IDÉIAS

## A DE ANÁLISE

A fase de análise produtiva é decisiva: ao final, estaremos de posse de uma lista de idéias operacionais e elaboradas, que formarão a base do plano de ação a empreender.

É igualmente a parte mais delicada, já que a reflexão oscila entre os dois territórios (conscientes e inconscientes) marcados pela fronteira da expressão. É enfim a parte mais longa e cansativa, pois estamos geralmente com pressa de concluir, enquanto as idéias mais originais nascem após uma longa fase de incubação (ou maturação).

## CONDUÇÃO DA ANÁLISE PRODUTIVA

Temos o hábito de intitular esta fase de análise produtiva porque o trabalho coletivo de expressão de idéias continua como na fase precedente, de produção. O grupo explora as pistas levantadas durante a produção; parte-se desse material bruto para elaborar, afinar e aperfeiçoar as idéias listadas. Ao mesmo tempo em que o trabalho se inscreve ainda na fase de divergência (autorizam-se desvios por caminhos que não são balizados pelo tema propriamente dito ou pela lógica de resultado), o grupo aperfeiçoa agora as idéias construídas e elaboradas: o trabalho conceitual e geral não é mais suficiente. Ora, o trabalho de reunião de idéias é o momento-chave do processo: o grupo se acha entre as fases de incubação e iluminação descritas pelos teóricos. Trata-se, portanto, de uma etapa que consome tempo e energia, no mínimo duas horas para que algumas idéias exploráveis surjam.

## ORGANIZAÇÃO PRÁTICA

É recomendável que o grupo se divida em dois subgrupos, cada qual ficando com uma cópia das idéias levantadas durante a produção. Antes, o mediador deverá explorar algumas idéias com a equipe inteira para demonstrar de que modo devem proceder.

O mediador propõe ao subgrupo "limpar" as idéias obtidas para encontrar as fontes de inspiração, associação e combinação que permitam formular idéias mais elaboradas. Na prática, o conjunto dos instrumentos estudados na segundo parte desta obra será útil para dar forma às idéias (mapa mental, analogia, matriz da descoberta, análise de valor etc.).

Ao retomar o assunto, o mediador deve informar que as idéias a serem concebidas devem ser formuladas em algumas frases e de tal forma que uma pessoa de fora ou qualificada possa se encarregar de sua realização concreta.

O grupo começa sua investigação deixando de lado provisoriamente o primeiro terço da lista, que contém em geral as idéias mais evidentes e às quais será fácil retornar no final da sessão.

A exploração dessa lista pode ser feita de forma aleatória. Por exemplo, alguns propõem um número entre 90 e 150, e uma idéia do *brainstorming* é então tirada ao acaso. O grupo examina o interesse da proposição a partir de instrumentos tradicionais. Mas também é possível tratar de blocos de cinco a oito idéias ao mesmo tempo, ou proceder a uma leitura rápida das idéias até que um membro do grupo reaja (positivamente ou não). As idéias que soam as mais fantasiosas, incongruentes ou estúpidas merecem em geral ser examinadas, mesmo que à primeira vista pareçam distantes do assunto tratado. De qualquer forma, não é pertinente reclassificar as idéias do *brainstorming*: este trabalho de hierarquização pode resultar numa seleção antes da hora. É preciso tomar cuidado para que a censura não reapareça.

### Afinação

Retomemos as idéias 55 e 66 do *brainstorming* de nossos consumidores de serviços para automóveis.

A idéia 55 propõe não entregar o veículo. Em que caso isso é possível? Por exemplo, se o veículo necessita de grandes reparos e precisa ficar parado. O que pode fazer nossa concessionária? Oferecer um *test-drive* de um novo modelo ao cliente, enquanto aguarda que seu carro fique pronto?

A idéia 66 estipula: exigir pagamento adiantado. A concessionária pode imaginar um contrato de serviços que preveja, mediante o pagamento de parcelas mensais, toda uma série de operações de rotina, como limpeza e manutenção dos equipamentos de segurança.

Os grupos podem trabalhar com grandes folhas coladas na parede. Neste caso, um cartaz pode ser dedicado ao rascunho, ou seja, ao exame das idéias brutas por intermédio de esquemas, quadros e mapas mentais necessários à investigação da idéia, enquanto reserva-se outra folha para anotar as idéias elaboradas nas três fases. A partir do momento em que uma pessoa formula uma idéia que ela crê poder pôr em prática (com tempo, meios, uma equipe etc.), a idéia é anotada como se se tratasse de um protótipo de projeto. As formulações muito conceituais são retrabalhadas até que uma pessoa lhes dê forma concreta.

Se uma das evocações do *brainstorming* não trouxer resultados, o grupo deve abandonar aquele caminho e partir em uma direção completamente diferente. A obstinação raramente é compensadora nessa área. Da mesma forma, quando uma idéia se tornar elaborada, é preferível deixá-la de lado, pois o grupo corre o risco de concentrar-se apenas nela e chegar a uma solução pobre, embora precisa.

De qualquer forma, é aconselhável deixar que os membros do grupo tenham autonomia no decorrer dessa fase. É possível que dois participantes queiram explorar melhor uma idéia. Pode-se deixá-los sair com a missão de voltar alguns minutos mais tarde com um protótipo do projeto, que será a seguir trabalhado por outra dupla. Todavia, é conveniente que o contato seja mantido entre todos os membros do grupo a intervalos bem regulares, de forma que a troca de idéias seja maximizada. É igualmente importante fazer pausas de alguns minutos durante as quais os membros do grupo tenham oportunidade de se distrair (tomar um café, fazer um pequeno passeio lá fora, folhear uma revista etc.), pois elas contribuem para a incubação.

### SABOTAR AS BATERIAS

Duas pessoas do grupo saem da sala munidas da idéia 69: "sabotar as baterias". Ao andar, elas imaginam desdobramentos para essa proposição.

- Sabotando as baterias, a concessionária fará o cliente retornar!
- E se ela propusesse que ele voltasse a cada dois meses para fazer um controle?
- OK: vamos anotar no caderno!
- Ou então ela se compromete a colocar à disposição do cliente um lote de baterias em bom estado para substituir os modelos defeituosos se, um dia, um carro não pegar...
- Sim: isso me deu uma idéia... Se uma pane é detectada num veículo do pátio, a concessionária se compromete a verificar todos os da mesma marca, ou do mesmo modelo.
- Muito bem: vou anotar.

Ao voltar à sala, eles expõem as idéias anotadas. Duas pessoas se apropriam das idéias e tentam depurá-las ou refletir sobre outras associações.

## A mediação do grupo

Para a análise produtiva, não há mediador designado: cada participante assume esse papel nas equipes constituídas. A atitude positiva despertada durante as etapas precedentes precisa mais do que nunca ser conservada.

Algumas regras formais de comunicação podem contribuir para a manutenção de uma boa atitude no interior do grupo:

*A personalização*

As pessoas devem deixar claro o interesse em utilizar as idéias dos outros e citar-se mutuamente (como dizia X, a observação de Y me fez notar que...). Os participantes devem respeitar, acolher e reconhecer as idéias emitidas, mesmo que não sejam espetaculares. Devem igualmente evitar debates tanto sobre a paternidade das idéias como sobre seu fundamento. Podemos propor aos participantes o emprego da técnica do "advogado do anjo" (veja página 135), que consiste em só exprimir o que for agradável numa idéia julgada banal ou ridícula. Toda pessoa com tendência a criticar deve então começar sua frase com: "O que me agrada em sua idéia é...".

*A valorização e a amplificação*

Já expusemos aqui este princípio: a uma idéia negativa pode corresponder alguma coisa positiva. Uma idéia simples e positiva pode igualmente ser ampliada e tornar-se brilhante e original. As idéias brutas do *brainstorming* às vezes não conseguem ser passadas nesse estado. Pelo processo de valorização, é possível encontrar caminhos originais "saltando" sobre as vertentes positivas da idéia, por encadeamentos sucessivos.

### Idéias operacionais

Para a organização AG, alguém teve a idéia de "transferir aqueles que tossem ou brigam ou conversam entre si". Expressão simétrica: "contratar aqueles que têm boa saúde e que guardam suas idéias para si". Como então recolher a opinião dos que estão doentes? Como dar a palavra aos que não ousam se exprimir? Podemos imaginar, ao contrário da idéia inicial, que cada sócio possa intervir anotando as questões num papel. Elas seriam recolhidas e triadas por um secretário, a fim de ser tratadas na sessão. Outro caminho: a ordem do dia pode ser redigida como uma bula de remédio, com uma parte para o diagnóstico e outra para as indicações.

Ao final desta etapa, contam-se em média de 20 a 30 idéias operacionais para cada metade do grupo, em geral 10% do resultado obtido no momento da produção de idéias brutas, para uma sessão de 3 horas de trabalho.

# Capítulo 9

# DANDO VIDA ÀS IDÉIAS

Ao término das três etapas precedentes, o grupo de trabalho (ou cada participante) está munido de uma série de idéias formuladas em algumas frases. Estas exprimem as proposições heterogêneas que vieram à tona durante o trabalho de produção divergente. Na prática, as idéias são variadas e inscrevem-se em registros muito diferentes. São às vezes complementares, mas com muito mais freqüência independentes. O objetivo da segunda metade da seqüência EPASIA é precisamente hierarquizar e organizar a apresentação desse conjunto de soluções potenciais. As três etapas, seleção, implantação e avaliação, são de natureza convergente.

## Seleção de idéias

### S de seleção

Aqui entra a abordagem lógica. A fase de seleção permite calibrar e dar forma às idéias obtidas durante os processos iniciais. Esta etapa deve igualmente ser conduzida com muitas precauções, pois a censura, atenuada ao longo das fases precedentes, pode encontrar um novo terreno para se exprimir. Em conseqüência, as idéias encontradas durante a etapa precedente deverão ser estudadas com especial simpatia, com a ajuda de técnicas específicas.

#### Concessionária

As proposições que foram dadas para nossa concessionária são facilmente criticáveis:

- Leva muito tempo para verificar todos os veículos.
- Não é porque um veículo apresenta um defeito que os outros também o terão.
- Um estoque de baterias novas para o cliente coloca problemas de gestão e custo.
- Uma pane nem sempre acontece por causa da bateria, é necessário que o cliente saiba identificar o problema!

As objeções são clássicas e foram exa-

*(continua)*

**CONCESSIONÁRIA** *(continuação)*

minadas no capítulo consagrado à percepção da novidade. É portanto necessário ver o lado bom das idéias antes de eliminá-las:

- O que me agrada nesta idéia é que podemos prever as panes.
- O que me agrada nesta idéia é que acompanhamos cada veículo.
- O que me agrada nesta idéia é que o cliente se sente amparado etc.

## Os critérios de seleção

O grupo destina alguns minutos a tornar mais claras as idéias que foram coletadas durante a fase de análise produtiva. Dotados de alguns critérios, os "produtores" se organizam para passar a limpo e hierarquizar suas vinte ou trinta proposições.

O mediador relembra a questão de pesquisa tal como foi inicialmente formulada. É possível que as regras e os riscos associados ao tema surjam intuitivamente. Todavia, na maioria dos casos, uma série de critérios formais acompanhará a questão de pesquisa. Por exemplo, o administrador deseja que as soluções possam ser colocadas em prática rapidamente, não ultrapassem um determinado orçamento, sejam executáveis por uma equipe de tantas pessoas etc.

Estes dados serão brevemente relembrados ao grupo de trabalho reunido em sua totalidade.

Três critérios permitem efetuar uma primeira ordenação de idéias.

### A proposição é eficaz?

Trata-se de apreciar a contribuição de cada idéia à resolução do problema. Para isso, devemos supor que a implantação da idéia é possível, que os recursos são fartos, que as pessoas assumam responsabilidade por sua realização. Se todas estas condições existirem, como a aplicação da idéia irá resolver o caso proposto?

A resposta a essa questão nos dá a medida da eficácia da idéia proposta. Destacaremos quatro casos ilustrativos:

1. A idéia proposta resolve pouco ou não resolve o problema.
2. A idéia proposta resolve uma parte do problema.
3. A idéia proposta responde amplamente ao problema.
4. A idéia proposta responde perfeitamente ao problema.

Para apreciar a eficácia da solução, devemos levar em conta os critérios operacionais definidos no momento de elaboração do tema de pesquisa. Como vimos no Capítulo 3, é possível acrescentar à questão de pesquisa uma série de exemplos ou critérios que ilustrem o que seria uma boa resposta à questão.

**A proposição é original?**

A noção de originalidade é bastante relativa: aquilo que parece inédito ou inovador para um pode parecer banal para outro. Todavia, cada integrante do grupo se perguntará se a proposição enunciada parece ir contra o habitual ou, ao contrário, se se inspira em práticas comuns. Assim, é possível apreciar este critério em vários níveis:

**1.** A proposição é clássica, evidente.
**2.** A proposição inspira-se em soluções corriqueiras.
**3.** A proposição é em parte inovadora.
**4.** A proposição é completamente inédita.

**A proposição é viável?**

Independentemente de sua eficácia, a idéia enunciada é facilmente realizável? Requer recursos razoáveis, tecnologias que existem, ou supõe, ao contrário, que nossa sociedade passe por uma revolução cultural ou econômica? Podemos imaginar que uma pessoa dotada dos recursos e contratada para isso assuma a responsabilidade de colocá-la em prática e consiga levar a cabo o projeto?

A viabilidade é, portanto, uma medida do realismo e do caráter operacional da idéia. Podemos igualmente avaliá-la em quatro níveis:

**1.** A proposição parece muito difícil de ser colocada em prática.
**2.** A proposição não é tão fácil de ser concretizada.
**3.** A proposição é em grande parte realizável.
**4.** A proposição é completamente realizável.

Trata-se de um primeiro levantamento da qualidade das idéias emitidas. É possível, principalmente no tocante ao último critério, passar depois a uma reflexão mais aprofundada. É importante, nessa etapa, guardar uma primeira impressão, de forma que as idéias sejam hierarquizadas. Um exame detalhado poderá mais tarde completar a avaliação das idéias emitidas.

**A seleção de idéias**

| IDÉIA | 1 | 2 | 3 | 4 |
|---|---|---|---|---|
| **Eficácia** | Resolve pouco ou não resolve o problema. | Resolve uma parte do problema. | Responde amplamente ao problema. | Responde perfeitamente ao problema. |
| **Originalidade** | Proposição clássica, evidente. | Proposição inspirada em soluções corriqueiras. | Proposição em parte inovadora. | Proposição totalmente inédita. |
| **Viabilidade** | Parece difícil de ser colocada em prática. | Não é tão fácil de concretizar. | É em grande parte realizável. | É completamente realizável. |

## A MEDIAÇÃO DA SELEÇÃO

O termo seleção indica uma guinada metodológica. Trata-se agora de levar o grupo a uma fase de convergência, enquanto os esforços se dirigiam até então a evitar os lugares-comuns, a cruzar e fazer frutificar idéias em domínios muito distintos.

A introdução de uma metódica formal, racional e de critérios ponderados para a triagem deve ser mediada de maneira particularmente positiva. Trata-se de colocar as idéias em perspectiva para valorizá-las em vez de eliminá-las ou praticar uma espécie de "jogo do massacre". Para isso, propomos que cada idéia seja apresentada e avaliada a partir de um método de mediação.

### Apresentação geral

Uma pessoa lê a idéia tal como foi redigida na lista. Este participante deve confirmar com os outros de seu grupo que a expressão está clara e que cada um consegue visualizar a que tipo de cenário concreto a idéia corresponde.

**ASSOCIAÇÃO DE BAIRRO**

Uma associação de bairro reflete sobre a organização de manifestações culturais originais para melhorar a qualidade de vida do local. Durante a análise produtiva, uma pessoa propôs que postos de coleta sejam instalados durante uma semana nas ruas do bairro, para coletar todos os livros dos quais os moradores desejam se desfazer.

Eis a restituição do exame da idéia:

**Mediador:** A proposição consiste em instalar, durante um certo período, postos em algumas ruas do bairro para que as pessoas doem livros. Se entendi bem, trata-se de dar novo destino às obras de que as pessoas

(*continua*)

ASSOCIAÇÃO DE BAIRRO *(continuação)*

não precisam mais.
**Participante:** Sim. Informaremos que a coleta ocorrerá no início do inverno e que as pessoas poderão depositar os livros que não querem mais num determinado local.

## Descrição detalhada da idéia

Se necessário, uma mesa-redonda será organizada para afinar a elaboração da idéia. Sob a responsabilidade do mediador, os membros do grupo lançarão questões objetivas obedecendo á técnica do "advogado do anjo".

A técnica do advogado do anjo consiste em valorizar os pontos fortes de uma idéia, sem eliminar os pontos fracos. Exprimimos nosso ponto de vista dizendo: "o que me agrada nesta idéia é...".

Pede-se aos participantes que formulem suas questões a partir do enunciado seguinte: "O que me agrada nesta idéia é...". A partir desta expressão positiva, eles podem pedir um detalhamento, desde que isto não leve a um julgamento definitivo ou negativo do tipo "mas eu acho que isso não vai funcionar, acho que não serve para nada, não parece uma boa idéia" etc.

As observações devem servir para detalhar a idéia, para torná-la ainda mais operacional.

Quando o mediador achar que um debate teve início, deve reler os pontos sobre os quais os participantes estavam de acordo e propor que passem para a etapa de hierarquização pelo voto.

Se uma proposição contém muitas idéias diferentes numa só, o mediador pode tomar a iniciativa de separar a seleção em outras tantas proposições secundárias. A síntese poderá surgir depois, quando cada um dos participantes terá a oportunidade de fazer um balanço dos aspectos da proposição.

COLETA DE LIVROS

**Participante:** O que me agrada nesta idéia de coletar livros é que as pessoas participam e são beneficiadas pela ação.
**Participante:** O que me agrada nesta idéia é a reciclagem. Poderíamos efetuar uma triagem entre os livros que interessam à escola, à biblioteca e os que poderíamos doar a um centro de reciclagem de papel...
**Mediador:** Bem, será que todos conseguem ver claramente com o que isto se parece?

**Avaliação**

O mediador apresenta os três critérios evocados acima: eficácia, originalidade, viabilidade. Define então uma forma de avaliação por notas, por exemplo de 1 a 4, sendo 1 a mais baixa. Cada um reflete em silêncio sobre a nota que dará por categoria. Os participantes transcrevem suas notas numa folha de papel. A seguir, o mediador convida cada um a dar suas três notas. Por exemplo, "1, 3, 3" significa que a idéia é pouco eficaz, mas completamente original e viável; "4, 1, 3" significa que a idéia constitui uma excelente solução, embora evidente, e é fácil de colocar em prática.

O mediador vai anotando as avaliações individuais num quadro.

### Contagem

Participante: Falta estabelecer alguns detalhes técnicos, principalmente sobre a escolha da data e a forma como organizaremos os postos de coleta.
Mediador: Certo. Finalizaremos tudo isso após avaliar o princípio da idéia. Cada um deve refletir sobre os critérios (...). Todo mundo anotou as três pontuações? OK. Estou escutando.
**P.:** Eu anotei 1, 4 e 2.
**P.:** Eu coloquei 2, 3 e 2.
E assim por diante...

| Título da idéia | Eficácia | Originalidade | Viabilidade | Total |
|---|---|---|---|---|
| "Postos de coleta de livros velhos" | 1, 2, 1, 1, 1<br>T=6 | 4, 3, 4, 2, 3<br>T+16 | 2, 2, 4, 3, 2<br>T+13 | 35 |
| ..... | ..... | ..... | ..... | ..... |

Para cada cinco pessoas que votaram, o máximo é de 5 x 4 = 20 para cada pontuação. Obteremos assim os três totais seguintes: Eficácia = 6/20, Originalidade = 16/20, Viabilidade = 13/20. Total = 35/60.
A idéia é, portanto, antes de tudo original, depois viável e eficaz. É importante conservá-la nesse estado, pois sua pontuação no registro de originalidade parece interessante. Mesmo que a idéia não responda rigorosamente ao tema (organizar manifestações culturais), a iniciativa parece fácil de ser realizada e original.

Ao cabo do exame de todas as proposições, será fácil classificar as idéias em função da pontuação total, assim como isolar as idéias mais originais, as mais viáveis, ou, por exemplo, aquelas que estão acima da média em dois critérios.

O mediador pode acrescentar que dois casos são raros, para ajudar os participantes a avaliar sua seleção de maneira realista, sem se deixar seduzir pelo charme ou pela raiva:

- O caso "1, 1, 1" não deverá aparecer. Esse seria o caso de uma idéia ao mesmo tempo ineficaz, tradicional e absolutamente inviável.
- O caso "4, 4, 4" é igualmente raro: uma idéia é perfeita.

De qualquer forma, desejamos aos grupos de trabalho constituídos que encontrem muitos desses casos!

# A IMPLANTAÇÃO DO PROJETO

## I DE IMPLANTAÇÃO

Segundo as pessoas envolvidas no processo de criatividade, a fase de implantação pode corresponder à aplicação imediata das soluções extraídas ou – de forma mais geral – à elaboração de um plano de ação que supõe diferentes agentes. Neste caso, consistirá em preparar as decisões que devem ser tomadas ou negociadas para finalizar as idéias sob a forma de um plano de ação.

## OS PRINCÍPIOS DA ORGANIZAÇÃO

O grupo chegou a um acordo sobre a hierarquização de idéias que são ao mesmo tempo eficazes, originais e viáveis, ou possuem ao menos uma destas características. Neste estágio do trabalho, cerca de 20 a 30 idéias podem ser exploradas individualmente. Cada uma delas deve ser modelada para ser compreensível por si, e o conjunto de idéias deve ser disposto para formar um plano de ação global.

### O levantamento das idéias

Nesta etapa, todas as idéias que receberam a concordância do grupo sobre os critérios citados (por exemplo: melhor pontuação geral, idéia mais original, idéia fácil de aplicar na prática...) são isoladas e redigidas sob a forma de fichas-idéias.

Podemos utilizar os princípios seguintes no preparo das fichas:

- uma ficha é uma folha avulsa;
- cada idéia diferente é anotada numa ficha distinta;
- cada ficha é estruturada sobre um mesmo modelo.

Já nos anos 1970, Hubert Jaoui propunha organizar os levantamentos desta forma. Vamos propor aqui um método baseado em suas recomendações. Cada idéia é então "calibrada", seguindo:

- um título, que descrever numa frase simples a intenção da idéia;
- a pontuação que obteve durante a seleção, de acordo com os critérios indicados;
- uma apresentação geral que explica o conteúdo, detalha os objetivos;
- os elementos de organização que permitem concretizar a idéia (reservar tal material, mobilizar tais pessoas, solicitar tal organismo etc.);
- um inventário dos pontos fortes levantados, e – em menor medida – as maiores objeções existentes;
- um caso para decidir: o que faremos, quem se encarregará disso e quando?

**Grupo** ________

| **Ficha idéia n.º**<br><br>**Pontuação**<br>eficácia: ________<br>originalidade: ________<br>viabilidade: ________ | **Título da idéia**<br>________<br>________<br>________<br>________ |
|---|---|

| **Apresentação geral**<br>________<br>________ |
|---|

| **Organização / previsão de tarefas**<br>1. ________<br>2. ________<br>3. ________<br>4. ________ |
|---|

| **Pontos fortes**<br>1. ________<br>2. ________<br>3. ________<br>4. ________ | **Pontos fracos**<br>1. ________<br>2. ________ |
|---|---|

| **Decisão** ________ |
|---|

## A redação do plano de ação

As idéias são com freqüência heterogêneas e independentes: dizem respeito a domínios de aplicação diferentes, tratam de aspectos variados (comunicação, organização, curto prazo, longo prazo...).

A redação do plano de ação deve ser construída de forma a reunir toda uma gama de proposições que foram formalizadas sob a forma de fichas-idéias. Como num arranjo floral, o buquê de idéias obtido durante a fase precedente deve ser organizado por dominantes, para conseguirmos apreciar todo o conjunto.

Podemos para isso utilizar instrumentos expostos nos capítulos precedentes (mapa mental, "circeito", matriz da descoberta), de modo a montar um plano que reclassifica as idéias obtidas.

### PLANO DE AÇÃO DE UMA ORGANIZAÇÃO CULTURAL

| Ação / Alvo | INFORMAR | PRESCREVER | ORGANIZAR |
|---|---|---|---|
| Grande público (notoriedade) | Difundir | Recomendar | Atrair |
| Sócios (fidelidade) | Suscitar | Divulgar | Mediar |
| Colaboradores do local (proximidade) | Implicar | Promover | Dinamizar |

Uma associação especializada em projetos culturais procura se tornar mais conhecida para dar continuidade ao trabalho realizado pela ONG nacional a que é ligada, que tem um grande número de parceiros econômicos e acaba de ser declarada de utilidade pública. Alguns sócios se encontram para uma reunião de criatividade. Procuram conceber um plano de ação para o próximo ano, apoiando-se ao mesmo tempo sobre ações nacionais e sobre talentos locais. Após 2 horas e meia de reunião, cerca de 30 idéias foram julgadas viáveis, originais e eficazes (ou seja, suscetíveis de tornar mais conhecida a associação junto aos novos membros, às comunidades locais e ao grande público). Para classificar as idéias, os participantes refletem sobre três grandes categorias de ação: informar, prescrever, organizar. Além disso, visam três públicos diferentes. Na intersecção de uma ação e de um alvo, uma palavra-chave (mediar, atrair, recomendar etc.) foi extraída. Esta classificação em nove casas permite, portanto, classificar as fichas-idéias em outras tantas categorias e, assim, apresentar um plano de ação organizado.

Resta-nos tão somente conceber um documento retomando as fichas-idéias organizadas por tema, com uma separação por tipo de ações a desenvolver. Em 40 páginas, o plano de ação geral apresentará ao mesmo tempo a estrutura do projeto e as fichas de idéias detalhadas.

Podemos também conceber outras formas de apresentação a partir de um "circeito" ou qualquer outra forma de ferramenta sintetizadora.

## PEDAIS DE BICICLETA

Um inventor está terminando um sistema de sinalização para ciclistas. O equipamento consiste – na forma de protótipo – em uma bolsa guarnecida de baterias que se coloca sobre o quadro da bicicleta e se liga a uma pequena polia presa à roda traseira da bicicleta, bolsa que é acionada a partir de um botão instalado no guidão. Nosso jovem inventor pede aos sócios de um clube de ciclismo e a um grupo de estudantes de uma escola de comércio que montem um plano de ação comercial, para industrializar o produto em grande escala. Coleta toda uma série de idéias que ele ordena a partir de um "circeito": certas idéias dizem respeito ao próprio kit (colocado no centro do esquema), outras dizem respeito a melhorias, às redes de distribuição...

Em vez de apresentar as idéias numa lista, nosso inventor decidiu classificá-las por tema a partir do "circeito" representado abaixo.

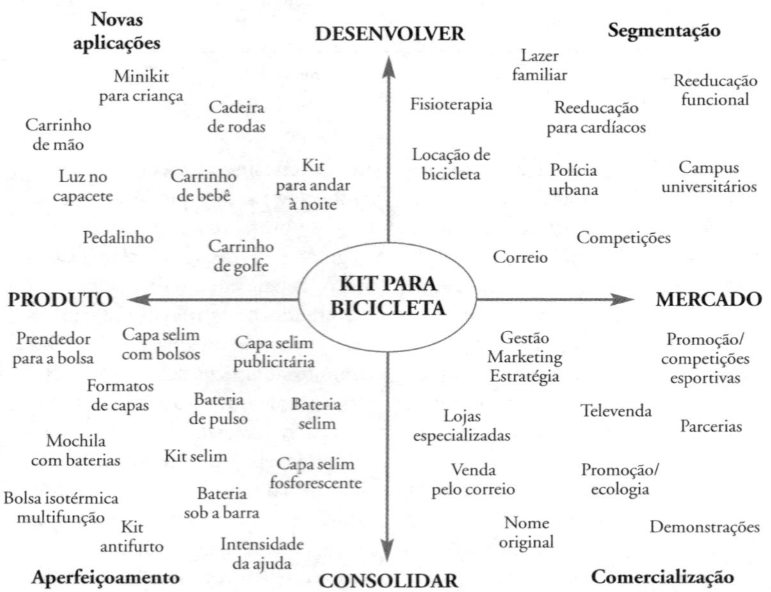

# Avaliação do Plano de Ação

## A de Avaliação

Nesta última fase, será necessário detalhar se o trabalho requisitado é de natureza individual ou coletiva. A avaliação pode apoiar-se sobre o próprio processo criativo, para verificar se as condições da produção de idéias e a qualidade das soluções coletadas são satisfatórias. Pode dizer respeito à qualidade da implantação de idéias, a fim de consolidar os pontos fortes e identificar os pontos fracos do plano de ação. Os pontos fracos constituirão então uma nova fonte de reflexão criativa, e oferecerão a oportunidade de lançar um novo processo completo.

## Difusão das Idéias

Após ter selecionado as fichas-idéias e preparado um documento de apresentação dos trabalhos, vocês deverão convencer o administrador da importância de suas proposições e oferecer argumentos para que ele próprio se convença e convença seus colaboradores (aqueles que se engajarão na realização dos projetos propostos).

### Convencendo o administrador

Convencer o comanditário significa dar-lhe os meios de fazer e de "fazer fazer", de "vender" suas propostas em sua empresa, associação etc. Esta etapa é fundamental para a aplicação prática da criatividade. Tudo o que tiver sido investido em reflexões até o momento e toda a energia despendida podem ter sido em vão se você não tiver convicção diante do proponente. Você saberá que ele está convencido se, ao final da discussão, que é uma verdadeira negociação, ele "comprar" suas idéias, as tornar suas e falar delas como se fossem "dele".

Quando você o deixar, deverá ter eliminado todas as objeções e saber quando e como ele falará disso com seus colaboradores.

> **Definição**: uma **objeção** é um argumento oposto a qualquer afirmação, contradição, contestação, obstáculo, repreensão, mas também a qualquer hesitação ou recuo diante de uma decisão a tomar.

### Reações

**Argumentos contrários:** "Você disse que eu vou ganhar tempo graças a esta solução, mas a que preço!... É muito caro."
**Recusa:** "Não estou de acordo com o que você está dizendo."
**Repreensão:** "A última vez que tentamos esse método, as coisas não deram certo e eu acabei ficando numa posição difícil. Não posso aceitar esta solução."
**Hesitação:** "Sim... Não sei. Não sei se está é a melhor solução."
**Recuo (para tomar uma decisão):** "Preciso falar com meu patrão, com meus sócios etc."

As objeções têm uma vantagem: provam que o interlocutor o escutou. E podem ser:

- sinceras e fundadas, caso em que você terá dificuldade em contestá-las;
- sinceras e infundadas, quando bastará retomar o ponto que motivou a objeção para corrigi-lo;
- insinceras e infundadas, e caberá então a você descobrir os bloqueios que impedem a tomada de decisão.

### Objeções

**Objeção sincera e fundada:** "O projeto é interessante; no entanto, é difícil de pôr em prática em nosso contexto, pois o orçamento é de 100, enquanto essa solução custa 400."
**Objeção sincera e infundada:** "Para nós, isso não é possível. Passamos bastante tempo estudando essa proposta." (Na realidade, o interlocutor acredita que serão necessários dois meses para realizar um trabalho que não levará mais do que uma semana.)
**Objeção insincera e infundada:** "Não sou eu quem decide, preciso consultar o senhor Oliveira. Entrarei em contato depois." (Na verdade, o interlocutor tem todo o poder de decisão, mas pode não estar convencido ou ter medo de tomar a decisão.)

Para responder corretamente às objeções, é importante conhecer bem o interlocutor e ter preparado o encontro e os argumentos seriamente.

**Argumentar = Raciocinar**
A argumentação não se improvisa: é necessário prepará-la.

# CONCLUSÃO

O itinerário que empregamos termina aqui sobre o papel. Esperamos tê-lo ajudado a obter uma visão panorâmica do tema criatividade. Você identificou seu estilo de criatividade e as fases durante as quais seu modo de pensar pode se exprimir melhor. Você também montou sua caixa pessoal de ferramentas, que pode ser utilizada para descrever uma situação, propor uma questão de pesquisa, levantar novas idéias e organizar as suas proposições. Só lhe resta agora se apropriar dessas técnicas colocando-as em prática, sozinho ou com outras pessoas, nas circunstâncias cotidianas, familiares (escrever uma carta de felicitações, refletir sobre o próximo fim de semana) ou profissionais (enquanto participante ou mediador de uma reunião criativa).

Esperamos que você sinta prazer em percorrer estes caminhos, distinguindo claramente os obstáculos e sobretudo os meios de contorná-los.

Desejamos a você coragem e boa caminhada!

SABER DESENVOLVER A CRIATIVIDADE
foi impresso em São Paulo/SP, pela Quebecor World São Paulo
para a Larousse do Brasil, em junhode 2007.